Ficción

Throstleford
Kirtland
Palmyra
Out of the Shadows
Sunset across India
Sunset across the Waters
Sunset across the Rockies (trilogy)
A Song of Beginnings
The Heart That Truly Loves
Face in the Shadows
Ravenwood
Beloved Stranger
Abide the Dark Dawn
A Dream to Follow
A Vow to Keep
Lady of Mystery
Anna, First Love
Last Love, Jennie
The Heart and the Will
By All We Hold Dear
Amelia's Daughter
For Love of Ivy
My Enemy, My Love
Where the Heart Leads
Publicados 1979–2010

Pantalla

The Healer's Art: History of Nursing in Utah
John Baker's Last Race
(Ganadora de 17 premios, incluyendo la estatuilla Chris)
The Gift
The Lost Manuscript
Serie de TV sobre el abuso infantil
Departamento de Educación del Estado de Hawaii
Películas y diapositivas para La Iglesia de Jesucristo SU

ISBN 13: 978-1-4621-3969-9

Publicado por CFI, una imprenta de Cedar Fort, Inc.
2373 W. 700 S., Springville, UT 84663
Distribuido por Cedar Fort, Inc., www.cedarfort.com

Numero de control de la Biblioteca del Congreso: 2020931136

Diseño de tapa por Shawnda T. Craig

Impreso en los Estados Unidos de América

10 9 8 7 6 5 4 3 2 1

Impreso en papel libre de ácido

Este libro es para mi hija, Mairi,
cuya alma joven reconoció a José, tal
como lo hizo la mía, y se regocijó.

“Ahora, ¿qué oímos en el evangelio que hemos recIbído? ¡Una voz de alegría! Una voz de misericordia del cielo, y una voz de verdad que brota de la tierra; gozosas nuevas para los muertos; una voz de alegría para los vivos y los muertos; buenas nuevas de gran gozo. ¡Cuán hermosos son sobre los montes los pies de los que traen alegres nuevas de cosas buenas, y que dicen a Sion: He aquí, ¡tu Dios reina! ¡Como el rocío del Carmelo descenderá sobre ellos el conocimiento de Dios!” (D y C 128:19)

Índice

Prólogo

Ha sido un placer para mi analizar este último libro de Susan. Lo encuentro esclarecedor y poético, tal como todos sus escritos.

He disfrutado sus libros e himnos por años, y sé que ella está sumamente calificada para escribir sobre José Smith, no sólo por su punto de vista histórico y cuidadosamente investigado, sino también por su posición de tierno respeto y amor por el Profeta y su obra.

—Ardeth Greene Kapp

Capítulo 1

"Si tenemos conocimiento de Dios, comenzamos a entender cómo allegarnos a Él...y qué tipo de ser debemos adorar. Cuando entendemos la naturaleza de Dios, y sabemos cómo acercarnos a Él, entonces Él empieza a manifestarnos los cielos...Cuando estemos dispuestos a venir a Él, también Él estará dispuesto a venir a nosotros." (History of the Church, *6:303, 305-8)*

La mañana estaba fresca para ser el comienzo de la primavera, y el sol era poco más que una promesa de calor en la alta franja de cielo gris.

El joven José caminó con largas zancadas intencionales a lo largo del sendero de tierra que llevaba a través de las fincas a la arboleda en el extremo más alejado de la granja de su padre. El mundo de los hombres estaba callado y sin agitación todavía. Él estaba solo con el mundo de la naturaleza, el cual era el mundo de Dios.

Durante muchos meses, José había observado con asombro los acontecimientos que ocurrían a su alrededor. Había escuchado los argumentos de los ministros de las fes contrarias—las maneras contrarias de entender a Dios. Asistía a las reuniones de la iglesia metodista, pero no encontró nada allí que le hablara a su necesidad más profunda. La confusión—la crueldad, hasta la malicia, de aquellos que decían representar a la Deidad—se reflejaba en las voces y en las caras de las personas que rodeaban a José. Ellas peleaban y discutían, día tras día, y José se daba cuenta de que este comportamiento tenía un efecto perturbador sobre su espíritu. Sabía que esta animosidad era errónea. Él sentía con gran certeza que Dios no obraba de tal manera. Las vías de Dios eran apacibles, claras y verdaderas. Sabía que había algo mejor.

¿No había tenido su padre sueños y visiones por la noche? ¿No había orado su madre con fe cuando su necesidad era grande, y luego visto milagros?

En la santidad de sus propias palabras inspiradas, José nos dice:

> Durante el segundo año de nuestra residencia en Manchester, surgió en la región donde vivíamos una agitación extraordinaria sobre el tema de la religión. Empezó entre los metodistas, pero pronto se generalizó entre todas las sectas de la comarca. En verdad, parecía repercutir en toda la región, y grandes multitudes se unían a los diferentes partidos religiosos, ocasionando no poca agitación y división entre la gente; pues unos gritaban: "¡He aquí!"; y otros: "¡He allí!". Unos contendían a favor de la fe metodista, otros a favor de la presbiteriana y otros a favor de la bautista.
>
> Porque a pesar del gran amor expresado por los conversos de estas distintas creencias en el momento de su conversión, y del gran celo manifestado por los clérigos respectivos, que activamente suscitaban y fomentaban este cuadro singular de sentimientos religiosos —a fin de lograr convertir a todos, como se complacían en decir, pese a la secta que fuere— sin embargo, cuando los conversos empezaron a dividirse, unos con este partido y otros con aquel, se vio que los supuestos buenos sentimientos, tanto de los sacerdotes como de los conversos, eran más fingidos que verdaderos; porque siguió una escena de gran confusión y malos sentimientos —sacerdote contendiendo con sacerdote, y converso con converso— de modo que toda esa buena voluntad del uno para con el otro, si es que alguna vez la abrigaron, se había perdido completamente en una lucha de palabras y contienda de opiniones.

Por esa época tenía yo catorce años de edad. La familia de mi padre se convirtió a la fe presbiteriana; y cuatro de ellos ingresaron a esa iglesia, a saber, mi madre Lucy, mis hermanos Hyrum y Samuel Harrison, y mi hermana Sophronia.

Durante estos días de tanta agitación, invadieron mi mente una seria reflexión y gran inquietud; pero no obstante la intensidad de mis sentimientos, que a menudo eran punzantes, me conservé apartado de todos estos grupos, aunque concurría a sus respectivas reuniones cada vez que la ocasión me lo permitía. Con el transcurso del tiempo llegué a inclinarme un tanto a la secta metodista, y sentí cierto deseo de unirme a ella, pero eran tan grandes la confusión y la contención entre las diferentes denominaciones, que era imposible que una persona tan joven como yo, y sin ninguna experiencia en cuanto a los hombres y las cosas, llegase a una determinación precisa sobre quién tenía razón y quién no.

Tan grande e incesante eran el clamor y el alboroto, que a veces mi mente se agitaba en extremo. Los presbiterianos estaban decididamente en contra de los bautistas y de los metodistas, y se valían de toda la fuerza del razonamiento, así como de la sofistería, para demostrar los errores de aquellos, o por lo menos, hacer creer a la gente que estaban en error. Por otra parte los bautistas y los metodistas, a su vez, se afanaban con el mismo celo para establecer sus propias doctrinas y refutar las demás.

En medio de esta guerra de palabras y tumulto de opiniones, a menudo me decía a mí mismo: ¿Qué se puede hacer? ¿Cuál de todos estos grupos tiene razón; o están todos en error? Si uno de ellos es verdadero, ¿cuál es, y cómo podré saberlo?

Agobiado bajo el peso de las graves dificultades que provocaban las contiendas de estos grupos religiosos, un día estaba leyendo la Epístola de Santiago, primer capítulo y quinto versículo, que dice: *Y si alguno de vosotros tiene falta de sabiduría, pídala a Dios, quien da a todos abundantemente y sin reproche, y le será dada.*

Ningún pasaje de las Escrituras jamás penetró el corazón de un hombre con más fuerza que este en esta ocasión, el mío. Pareció introducirse con inmenso poder en cada fibra de mi corazón. Lo medité repetidas veces, sabiendo que, si alguien necesitaba sabiduría de Dios, esa persona era yo; porque no sabía qué hacer, y a menos que obtuviera mayor conocimiento del que hasta entonces tenía, jamás llegaría a saber; porque los maestros religiosos de las diferentes sectas entendían los mismos pasajes de las Escrituras de un modo tan distinto, que destruían toda esperanza de resolver el problema recurriendo a la Biblia.

Finalmente llegué a la conclusión de que tendría que permanecer en tinieblas y confusión, o de lo contrario, hacer lo que Santiago aconsejaba, esto es, recurrir a Dios. Al fin tomé la determinación de "pedir a Dios", habiendo decidido que, si él daba sabiduría a quienes carecían de ella, y la impartía abundantemente y sin reprochar, yo podría intentarlo.

Por consiguiente, de acuerdo con esta resolución mía de recurrir a Dios, me retiré al bosque para hacer la prueba. Fue por la mañana de un día hermoso y despejado, a principios de la primavera de 1820. Era la primera vez en mi vida que hacía tal intento, porque en medio de toda mi ansiedad, hasta ahora no había procurado orar vocalmente.

Ahora, al caminar, José llevaba las palabras de Santiago como miel en su corazón, como luz en su mente: *pídala a Dios, quien da a todos abundantemente...*

En las perspicaces palabras de George Q. Cannon, "Sin saberlo, estaba esperando la hora en que llegara el mensaje divino a conmover las aguas de su alma." (*Life of Joseph Smith the Prophet* [Salt Lake City: Juvenile Instructor, 1888], 24).

José no tenía dudas de que una respuesta llegaría. Al entrar a la arboleda, la tierra estaba blanda bajo sus pies. En unas pocas horas, si el sol se saliera con la suya, la tierra se convertiría en un barro aguado. En la quietud, por encima del canto de los pájaros, creyó escuchar el mismo aliento de los árboles, aunque no había viento y el aire estaba quieto.

> Después de apartarme al lugar que previamente había designado, mirando a mi derredor y encontrándome solo, me arrodillé y empecé a elevar a Dios el deseo de mi corazón. Apenas lo hube hecho, cuando súbitamente se apoderó de mí una fuerza que me dominó por completo, y surtió tan asombrosa influencia en mí, que se me trabó la lengua, de modo que no pude hablar. Una densa obscuridad se formó alrededor de mí, y por un momento me pareció que estaba destinado a una destrucción repentina. (José Smith—Historia 1:15)

En la versión de Orson Pratt, escrita de sus recuerdos de las palabras del Profeta, mientras José seguía orando por la liberación, "la obscuridad se disipó de su mente; y pudo orar, en el fervor del espíritu y con fe" (de "An Interesting Account of Several Remarkable Visions and of the Late Discovery of Ancient American Records" [Edinburgh: Ballantyne and Hughes, 1840]).

José continuó,

> Mas esforzándome con todo mi aliento por pedirle a Dios que me librara del poder de este enemigo que se había apoderado de mí, y en el momento en que estaba para hundirme en la desesperación y entregarme a la destrucción —no a una ruina imaginaria, sino al poder de un ser efectivo del mundo invisible que ejercía una fuerza tan asombrosa como yo nunca había sentido en ningún otro ser—precisamente en este momento de tan grande alarma vi una columna de luz, más brillante que el sol, directamente arriba de mi cabeza; y esta luz gradualmente descendió hasta descansar sobre mí. (José Smith—Historia 1:16)

A medida que la luz se acercaba y aumentaba en brillo, "de modo que, para cuando llegó a las copas de los árboles, todo el yermo, por cierta distancia alrededor, se iluminó de la manera más gloriosa y brillante—él esperaba ver consumirse las hojas y las ramas de los árboles, tan pronto como la luz hiciera contacto con ellas; pero, al percibir que no producía ese efecto, se animó con la esperanza de poder soportar su presencia" (Pratt, Un Relato Interesante...). Los elementos perduraron, y él, José, fue imbuido en la luz.

El hermano Pratt continuó: "Cuando descendió sobre él, le produjo una sensación peculiar en todo su sistema; e inmediatamente su mente se fue alejando de los objetos naturales que lo rodeaban; y fue envuelto en una visión celestial" (Ibíd.).

En las palabras de José:

> No bien se apareció, me sentí libre del enemigo que me había sujetado. Al reposar sobre mí la luz, vi en el aire arriba de mí a dos Personajes, cuyo fulgor y gloria no admiten descripción. Uno de ellos me habló, llamándome por mi nombre, y dijo, señalando al otro: *Este es mi Hijo Amado: ¡Escúchalo!*
>
> Había sido mi objeto recurrir al Señor para saber cuál de todas las sectas era la verdadera, a fin de saber a cuál unirme. Por tanto, luego que me hube recobrado lo suficiente para poder hablar, pregunté a los Personajes que estaban en la luz arriba de mí, cuál de todas las sectas era la verdadera (porque hasta ese momento nunca se me había ocurrido pensar que todas estuvieran en error), y a cuál debía unirme.
>
> Se me contestó que no debía unirme a ninguna, porque todas estaban en error; y el Personaje que me habló dijo que todos sus credos eran una abominación a su vista; que todos aquellos profesores se habían pervertido; que "con sus labios me honran, pero su corazón lejos está de mí; enseñan como doctrinas los mandamientos de los hombres, teniendo apariencia de piedad, mas negando el poder de ella".
>
> De nuevo me mandó que no me uniera a ninguna de ellas; y muchas otras cosas me dijo que no puedo escribir en esta ocasión. Cuando otra vez volví en mí, me encontré de espaldas mirando hacia el cielo. Al retirarse la luz, me quedé sin fuerzas, pero poco después, habiéndome recobrado hasta cierto punto, volví a casa. Al apoyarme sobre la mesilla de la chimenea, mi madre me preguntó si algo me pasaba. Yo le contesté: "Pierda cuidado, todo está bien; me siento bastante bien". Entonces le dije: "He sabido a satisfacción mía

> que el presbiterianismo no es verdadero". Parece que desde los años más tiernos de mi vida el adversario sabía que yo estaba destinado a perturbar y molestar su reino; de lo contrario, ¿por qué habían de combinarse en mi contra los poderes de las tinieblas? ¿Cuál era el motivo de la oposición y persecución que se desató contra mí casi desde mi infancia? (José Smith—Historia 1:17-20)

El adversario deseaba destruir a José desde el principio. ¿Cómo podría hacer otra cosa? Este joven se convertiría en un formidable y convincente emisario de Dios el Padre y de su obra entre los hombres. Él sería quizás la fuerza más poderosa contra la que Satanás tendría que contender.

Sí, era el enemigo de José en los hechos y en la verdad, y el alma del niño ahora lo sabía y jamás lo olvidaría.

Capítulo 2

"No creo que haya habido muchos hombres buenos sobre la tierra, desde los días de Adán; pero sí hubo un hombre bueno, y éste se llamaba Jesús." (Enseñanzas del Profeta Joseph Smith, 167)

Es de suma importancia reconocer la extensión—y la madure—de la comprensión y la preocupación de José.

En cuanto a esto, es interesante considerar lo que dijo el Profeta en José Smith - Historia 1:13: "Yo tendría que permanecer en tinieblas y confusión, o de lo contrario, hacer lo que Santiago aconseja."

¿Como llegó a ser de tan alto grado de importancia que un joven de catorce años llegara a preocuparse en cuanto a permanecer en tinieblas o en "obscuridad espiritual" como él lo describe?

En su diario él escribe sobre la visión, con fecha noviembre de 1835:

> Me retiré al bosque y me arrodillé ante el Señor, reconociendo profundamente que Él había dicho (si la Biblia es verdadera), "Pedid, y se os dará; buscad, y hallaréis; llamad, y se os abrirá."
>
> Lo que más deseaba en este momento era información, y con una resolución firme de obtenerla, acudí al Señor por primera vez en el lugar ya mencionado.

Luego José añade detalles que iluminan, los cuales no se encuentran en su narración anterior:

> O, en otras palabras, intenté vanamente orar; la lengua parecía henchirse en mi boca y me impedía hablar. Escuché un ruido detrás mío, como si alguien caminara hacia mí. Intenté orar, pero se me hizo imposible. El ruido de alguien viniendo parecía acercarse. Salté sobre mis pies y eché una mirada, pero no vi a ninguna persona o cosa que pudiera producir el sonido de alguien caminando. (Joseph's Journal, November 1835, 9-11; véase churchofjesuschrist.org/manual/first-vision-accounts/1835-account?lang=spa para información más profunda)

¿Podría esta artimaña del adversario haber asustado o desanimado a otros que buscaban la verdad? ¿Fue en este momento cuando José empezó a descubrir cuán profunda y determinada era realmente su fe?

> De nuevo me arrodillé. La boca se me abrió y la lengua se liberó, e invoqué al Señor en poderosa oración. Un pilar de fuego apareció arriba de mi cabeza. En poco tiempo descansó sobre mí y me llenó de un gozo inexpresable.
>
> Un personaje apareció en medio de este pilar de fuego, el cual se extendía por todos lados sin consumir nada. Poco después, apareció otro personaje, semejante al primero. Él me dijo, "Tus pecados te son perdonados." Me testificó que Jesucristo es el Hijo de Dios. *Y vi a muchos ángeles en esta visión.* Tenía alrededor de catorce años de edad cuando recibí esta primera comunicación. (Ibíd.)

Aquí el Padre no sólo presentó a Jesucristo, sino que también *testificó* que Cristo es, de hecho, el Hijo del Dios Viviente. Cuando dijo, "Éste es mi Hijo amado, *escúchalo,*" Él estaba estableciendo el papel del Salvador, el cual le fue explicado más profundamente a José luego: Jesucristo es el heredero de este Reino—el Unigénito del Padre según la carne, *y posee las llaves de todo en este mundo.* (*Teachings of the Prophet Joseph Smith,* sel. Joseph Fielding Smith [Salt Lake City: Deseret Book, 1976], 323).

En esto, también, José menciona *el gozo inexpresable* que inundo su ser. Él, José, era conocido personalmente por este glorioso Personaje, quien lo llamó por su nombre y le dijo, "Tus pecados te son perdonados." Sólo Dios puede perdonar pecados, y el joven ahora se presentaba inocente y puro ante su Creador, preparado para abrir su corazón a los mensajes que se le estaban ofreciendo.

Información fue la palabra que José utilizó en su pedido, pero lo que estaba recibiendo era *Conocimiento Puro.*

En versículo 20 de la historia de 1838, José dice que muchas cosas le fueron dadas que no se podían anotar en el momento. Aquí él añade que él "vio a muchos ángeles en esta visión."

¿Profetas? ¿Líderes de dispensaciones?

Susa Young Gates, hija de Brigham Young y muchas veces llamada "la decimotercer apóstol" dijo y mantuvo que, si Padre e Hijo estaban en el bosque, luego también nuestra Madre Celestial. Nadie en aquellos días la corrigió ni lo negó.

Sólo sabemos con total certeza dos cosas esenciales:

Una: Poco sabemos en cuanto a lo que ocurrió durante esas horas sagradas en ese lugar sagrado.

Dos: Sabemos de seguro que Dios el Padre y Jesucristo el Hijo aparecieron juntos para establecer su realidad, sin dejar lugar a duda. Dios puede comunicarse con sus hijos, y lo hace; y nosotros somos, en verdad, hijos e hijas de la Deidad.

En la versión de la Primera Visión de la carta de Wentworth, publicada primeramente en *Times and Seasons*, el 1 marzo 1842, José dice claramente que él "empezó a reflexionar sobre la importancia de estar preparado para un estado futuro, y sobre buscar conocimiento en cuanto al *plan de salvación*". "Plan de Salvación" es ahora una expresión clave de la Iglesia, familiar y amada por todos los Santos de los Últimos Días en todo el mundo. (Para ver la carta de José en su totalidad véase ldsminds.com/wentworth-letter/.)

José ya había decidido que deseaba luz. No quería "permanecer en tinieblas".

"Tomé la determinación de investigar el tema más ampliamente," dijo, y la forma de hacerlo era ir a la Fuente. Él había aprendido que en ningún otro lugar encontraría la verdad. De nuevo, tuvo el ejemplo de sus padres como guía:

> Después de pocos años de casados, y habiendo sufrido varias desilusiones inesperadas y devastadoras, José padre y Lucy Mack su madre se mudaron con su familia joven, dejando su pequeña granja amada en Tunbridge, Vermont, para ir al pueblo de Randolph. Lucy estaba en los primeros meses de embarazo, y tenía dos hijos que cuidar también, Alvin y Hyrum. Se enfermó con una fuerte toz y un resfrío, que desencadenaron una fiebre peligrosa, diagnosticada por el doctor como la temible tuberculosis.
>
> La madre de Lucy vino para cuidarla, pero la encontró tan enferma que aún el sonido de alguien tocando la puerta le molestaba. Al fin el doctor le dijo sinceramente que se estaba muriendo, y su esposo, triste y miserable, le confirmó la verdad.
>
> Dentro de sí, Lucy no lo quería aceptar. "No estoy preparada para morir," pensó, "porque no conozco las vías de Cristo. Me pareció que existía un abismo solitario y obscuro entre Cristo y yo, y no me atrevía a cruzarlo."
>
> Sentía, sin embargo, una luz más allá de la obscuridad y se esforzaba para alcanzarla, rogando al Señor que la rescatara. Durante una larga noche de lucha, ella "hizo convenio con Dios que, si Él le dejaba vivir, buscaría la religión que le ayudaría a servirle correctamente, ya fuera que se encontrara en la Biblia o dondequiera—aún si sólo se pudiera

> obtener del cielo, mediante la oración y la fe." (Lucy Mack Smith, *History of Joseph Smith by His Mother* [Salt Lake City: Deseret Book, 1996, 47-49)

El primer cimiento que El Salvador estableció para la Restauración del evangelio fue dentro del espíritu de la madre. Ella llegaría a ser la luz y el corazón de su esposo, de su hogar, y de su hijo Profeta quien, naturalmente, utilizó el mismo proceso cuando él acudió a su Creador buscando luz y verdad.

> Asegurándole a su sorprendida madre, Lucy dijo, "Sí, el Señor me dejará vivir. Si soy fiel a la promesa que yo he concertado con Él, Él me concederá quedarme para consolar el corazón de mi madre, mi esposo, y mis hijos."

Volviendo a José y su experiencia en la arboleda: él la describe un poco diferente en la Carta de Wentworth, y estas pequeñas diferencias hacen que sea más fácil para nosotros imaginar o visualizar—en nuestra manera limitada—lo que sucedió:

> Mientras yo me ocupaba en suplicar fervorosamente, mi mente se alejó de las cosas que me rodeaban, y me encontré envuelto en una visión celestial, vi a dos personajes gloriosos que se parecían exactamente el uno al otro, en forma de cara y cuerpo, rodeados de una luz brillante, la cual eclipsó el sol del mediodía.
>
> Me informaron que todas las denominaciones religiosas creían en doctrinas erróneas, y que ninguna era reconocida por Dios como Su iglesia y reino. Y me dieron mandamiento explícito de "no seguir en pos de ellas." Al mismo tiempo recibí la promesa de que se me daría a conocer la plenitud del evangelio en algún tiempo futuro.

No hubo reproche en estas palabras—sólo verdad, porque la verdad existe en sí misma, y Dios no puede mentir. Y así, la revelación que abrió la dispensación de la plenitud de los tiempos había comenzado.

Capítulo 3

"El Estandarte de la Verdad se ha izado; ninguna mano impía puede detener el progreso de la obra: las persecuciones se encarnizarán, el populacho podrá conspirar, los ejércitos podrán juntarse, y la calumnia podrá difamar; más la verdad de Dios seguirá adelante valerosa, noble e independientemente, hasta que haya penetrado en todo continente, visitado toda región, abarcado todo país y resonado en todo oído, hasta que se cumplan los propósitos de Dios, y el gran Jehová diga que la obra está concluida." (History of the Church 4:540)

José se retiró de la arboleda y regresó a su hogar. Las cosas que había visto y sentido, las cosas que había aprendido, sobrepasaban la comprensión de cualquiera que no las hubiera experimentado. Aunque sólo era un muchacho, su mente y su espíritu fueron expandidos. Esas cualidades eternas con las que vino a este mundo fueron despertadas, y, a partir de ese momento, serían aún más avivadas e iluminadas.

En la historia del verano de 1832, vemos la mentalidad en desarrollo y el espíritu de este joven, y nos maravillamos de la profundidad de sus preocupaciones, no sólo por él mismo y sus seres queridos, sino, de manera amplia, por toda la humanidad.

El registró:

Alrededor de la edad de doce años, comencé a inquietarme seriamente con respecto a todo lo importante que tenía que ver con el bienestar de mi alma inmortal, lo que me llevó a escudriñar las Escrituras, creyendo, según se me había enseñado, que contenían la palabra de Dios, por lo que las apliqué a mí mismo. Mi relación estrecha con las personas de diferentes denominaciones me causó un gran asombro, pues descubrí que no honraban lo que profesaban con acciones santas ni conversación devota que estuvieran de acuerdo con lo que yo había encontrado en aquel sagrado escrito. Esto causaba pesar a mi alma.

Por lo tanto, de los doce a los quince años de edad, medité muchas cosas en el corazón acerca de la situación del mundo, de la humanidad, de las contenciones y las divisiones, de la iniquidad y las abominaciones, y de las tinieblas que cubrían la mente del género humano. Me sentía cada vez más angustiado, por sentirme culpable de mis pecados y, al escudriñar las Escrituras, encontré que la humanidad no se acercaba al Señor, sino que había apostatado de la fe verdadera y viviente. Y no había ninguna sociedad ni denominación que estuviera edificada sobre el evangelio de Jesucristo, tal como se registra en el Nuevo Testamento. Sentía deseos de llorar por mis pecados y por los pecados del mundo, pues de las Escrituras había aprendido que Dios es el mismo ayer, hoy y para siempre y que no hace acepción de personas, porque Él es Dios...

Por lo tanto, clamé al Señor por misericordia, porque no había nadie más a quien dirigirme para obtenerla. Y el Señor escuchó mi ruego en aquel lugar solitario, y mientras me encontraba en actitud de acudir a Señor, en el decimosexto año de mi vida, una columna de luz más brillante que el sol al mediodía descendió hasta descansar sobre mí. Fui lleno del espíritu del Dios, y el Señor abrió los cielos sobre mí y vi al Señor.

Y Él me habló y me dijo: "José, hijo mío, tus pecados te son perdonados. Sigue tu camino, anda en mis decretos y guarda mis mandamientos. He aquí, Yo soy el Señor de gloria. Fui crucificado por el mundo para todos los que crean que en mi nombre puedan tener la vida eterna. He aquí, en este momento el mundo yace en el pecado y no hay quien haga lo bueno, ni siquiera uno. Se han apartado de mi

Evangelio y no guardan mis mandamientos; con sus labios me honran, pero su corazón lejos está de mí. Mi ira está encendida en contra de los habitantes de la tierra y caerá sobre ellos de acuerdo con su impiedad y para llevar a cabo aquello que se ha declarado por boca de los profetas y los apóstoles. He aquí, vendré pronto, como está escrito, en las nubes y revestido de la gloria de mi Padre".

Y mi alma se llenó de amor, y por muchos días me regocijé y sentí una gran dicha, y el Señor estaba conmigo, pero no podía encontrar a nadie que creyera en mi visión celestial. No obstante, meditaba sobre estas cosas en mi corazón. (Papers of Joseph Smith, vol.1, ed. Dean C. Jesse [Salt Lake City: Deseret Book, 1989],5)

"Mi alma se llenó de amor" dice José, "y durante muchos días me regocijé y sentí una gran dicha."

En el relato de Orson Pratt él cuenta que, al retirarse la visión, la mente de José quedó "en un estado de calma y paz indescriptible."

Gozo, amor, y paz: estos eran los frutos del Espíritu, que sólo el Salvador y las palabras de la verdad sempiterna le podían transmitir a este joven, y que experimentó abundantemente en la sagrada presencia de Dios el Padre y el Salvador en la arboleda detrás de la casa de su padre.

Después de esta asombrosa experiencia, José, "sin fuerzas, pero poco después, habiéndome recobrado hasta cierto punto, volví a casa. Al apoyarme sobre la mesilla de la chimenea, mi madre me preguntó si algo me pasaba. Yo le contesté: "Pierda cuidado, todo está bien; me siento bastante bien." Entonces le dije: "He sabido a satisfacción mía que el presbiterianismo no es verdadero."" (circa 1838 José Smith—Historia 1:5-20)

¿Qué podría haber dicho? Ciertamente no había palabras disponibles que describieran o explicaran adecuadamente lo sublime de la experiencia que acababa de disfrutar.

Años más tarde, conociendo este principio mucho más profundamente que en sus comienzos, José escribió lo siguiente desde Kirtland, Ohio, el 27 de noviembre de 1832, en una carta a William W. Phelps, quien residía en Independence, Ohio:

> Oh Señor Dios libéranos a tiempo de la estrecha prisión, casi como si fuera (una total) oscuridad de papel, pluma, tinta y un torcido, roto, destrozado e imperfecto lenguaje.

Cuando José salió de la arboleda, sabía más sobre la naturaleza de Dios que todos los hombres educados y teólogos, que durante épocas habían estado aprendiendo, pero nunca llegando al conocimiento de la verdad.

El Profeta a menudo decía: "El primer principio del Evangelio es conocer con certeza la naturaleza de Dios, y saber que podemos conversar con Él como un hombre conversa con otro" (Enseñanzas del Profeta José Smith, 345)

Conocer la naturaleza de Dios, como le ha sido revelada a los miembros de la Iglesia de Jesucristo de los Santos de los Últimos Días mediante el Profeta José Smith, es ir más allá de lo que habían enseñado las religiones de aquella época.

Como fue registrado en Historia de la Iglesia, volumen 6, página 588, José enseñó:

> ¡Dios mismo fue una vez como nosotros ahora, y es un hombre exaltado, y está sentado sobre Su trono allá en los cielos! Ese es el gran secreto. Si el velo se rasgara hoy, y el gran Dios quien conserva este mundo en su órbita, y quien sostiene todos los mundos y todas las cosas por su propio poder, se manifestase, digo, si lo vieran hoy, lo

verían en la forma de un hombre —como ustedes mismos en toda la persona, imagen, y forma misma de un hombre.

En el capítulo 1 de Ezequiel se registra su visión de ver a Dios sobre su trono, en su gloria—a semejanza de un hombre (versículo 26).

Pero esta doctrina, como hecho, como conocimiento, no estaba siendo adoptada, practicada, o enseñada por las religiones cristianas de la época. A lo largo de su vida, José Smith enseñó esta doctrina con poder y autoridad basados en el conocimiento directo que había recIbído del cielo. En una revelación a los Santos, dada el 2 de abril 1843, el Profeta declaró:

"Cuando se manifieste el Salvador, lo veremos como es. Veremos que es un varón como nosotros. Y la misma sociabilidad que existe entre nosotros aquí, existirá entre nosotros allá; pero la acompañará una gloria eterna que ahora no conocemos." (D y C 130:1-2)

Hay enseñanzas preciosas en la biblia, donde el Salvador afirma claramente, una y otra vez, su unidad con el Padre:

"así como el Padre me conoce, y yo conozco al Padre;" (Juan 10:15)

"Ahora han conocido que todas las cosas que me has dado proceden de ti, porque las palabras que me diste les he dado; y ellos las recibieron, y han conocido verdaderamente que salí de ti, y han creído que tú me enviaste." (Juan 17:7-8)

"y yo les he dado a conocer tu nombre, y lo daré a conocer aún, para que el amor con que me has amado esté en ellos, y yo en ellos." (Juan 17:26)

"Respondió entonces Jesús y les dijo: De cierto, de cierto os digo: No puede el Hijo hacer nada por sí mismo, sino lo que ve hacer al Padre; porque todo lo que el Padre hace, esto también lo hace el Hijo de igual manera. Porque el Padre ama al Hijo y le muestra todas las cosas que él hace; y mayores obras que estas le mostrará, de modo que vosotros os maravilléis." (Juan 5:19-20)

El testimonio que se había dado en la antigüedad se estaba dando una vez más, restaurado en un día en el que había gran necesidad de este conocimiento, y de la revelación real de lo alto. La certeza de esta palabra no podía ser puesta en duda, porque llegó a través de la presencia viva del Padre y del Hijo, de pie juntos ante José Smith en la arboleda.

Es importante saber y recordar que el Salvador no sólo estaba enseñando al niño José, cercenado, como era, por su mortalidad y su juventud. Estaba hablando de verdades sagradas y de tiempos sagrados que ya existían en lo profundo de la mente de José.

El Señor declaró que a menudo se place en usar las cosas débiles de la tierra para confundir al poderoso, que esconde sus asuntos del sabio y del prudente y los revela a los bebés.

Recordemos también, la afirmación en las escrituras hecha por José de Egipto, cuando profetizó:

> Por lo tanto, José realmente vio nuestros días. Y recibió del Señor la promesa que del fruto de sus lomos el Señor Dios levantaría una rama justa a la casa de Israel;
>
> Porque José en verdad testificó diciendo: El Señor mi Dios levantará a un vidente, el cual será un vidente escogido para los del fruto de mis lomos.
>
> Sí, José verdaderamente dijo: Así me dice el Señor: Levantaré a un vidente escogido del fruto de tus lomos, y será altamente estimado entre los de tu simiente. Y a él daré el mandamiento de que efectúe una obra para el fruto de tus lomos, sus hermanos, la cual será de mucho valor para ellos, aun para llevarlos al conocimiento de los convenios que yo he hecho con tus padres.
>
> Y le daré el mandamiento de que no haga ninguna otra obra, sino la que yo le mande. Y lo haré grande a mis ojos, porque ejecutará mi obra.
>
> Y será grande como Moisés...

> Y de la debilidad él será hecho fuerte, el día en que mi obra empiece entre todo mi pueblo...
>
> He aquí, el Señor bendecirá a ese vidente, y los que traten de destruirlo serán confundidos;
>
> Y su nombre será igual que el mío; y será igual que el nombre de su padre. Y será semejante a mí, porque aquello que el Señor lleve a efecto por su mano, por el poder del Señor, guiará a mi pueblo a la salvación. (2 Nefi 3:5-9, 13-15)

Es interesante considerar que los padres suelen nombrar a su hijo primogénito en su honor, si están dispuestos a continuar esa tradición. Pero José padre y Lucy tuvieron dos hijos, nombrándolos Alvin y Hyrum, y luego eligieron nombrar al tercer hijo José como su padre.

Dios también enseñó a Abraham la siguiente verdad bella y capaz de expandir el espíritu:

> Y el Señor me había mostrado a mí, Abraham, las inteligencias que fueron organizadas antes que existiera el mundo; y entre todas estas había muchas de las nobles y grandes; y vio Dios que estas almas eran buenas, y estaba en medio de ellas, y dijo: A estos haré mis gobernantes, pues estaba entre aquellos que eran espíritus, y vio que eran buenos; y me dijo: Abraham, tú eres uno de ellos; fuiste escogido antes de nacer. (Abraham 3:22-23)

En la presciencia de Dios, en el estado preexistente cuando fuimos nutridos por nuestro Padre y Madre Celestial, el poderoso espíritu de José ya había sido escogido y ordenado para el gran trabajo que debía hacer. Seguramente, el Dios eterno sabía cómo abrir sus dones y cualidades eternas, para desarrollar, iluminar, y enseñar al niño, y luego al hombre, para que su espíritu eterno pudiera trabajar con el poder que poseía antes de que comenzara la vida en la tierra.

Capítulo 4

"Consideremos el Libro de Mormón... Y es la verdad, y ha brotado y salido de la tierra; y la justicia empieza a mirar desde los cielos y Dios está enviando Sus poderes, dones y ángeles para que aniden en sus ramas." (HC 2:268)

José Smith presidió la última dispensación, establecida bajo la dirección de Jesucristo. Su dispensación siguió las seis anteriores: Adán, Enoc, Noé, Abraham, Moisés y Jesucristo mismo.

Esta última dispensación fue designada y destinada para ser la más gloriosa—el cumplimiento de la obra del Padre sobre esta tierra.

Por lo tanto, fue natural que José viviera constantemente, aun diariamente, bajo la influencia directa de la revelación. Él deseaba recibir conocimiento adicional del cielo y rogaba ser considerado digno de recibir luz adicional.

Otro mensajero divino fue enviado para instruir y preparar a José Smith para la obra que le esperaba. Después de tres años de trabajo duro y pobreza, desprecio y persecución, la paciencia y fieldad de José y su devota familia fueron recompensadas.

La noche del 21 de septiembre de 1823, en el silencio apacible de la noche, después de que José y su familia se retiraran a la cama, un personaje glorioso entró en la humilde habitación donde dormía José, y se presentó como Moroni. Le habló tiernamente al asombrado joven, y le dijo que el poder y el reino de Dios estaban por ser restaurados a la tierra. Se le dijo a José que él tendría un papel vital en esa obra y que su nombre sería tomado para bien y para mal entre todas las naciones.

Moroni también llamó a José por su nombre, como Dios el Padre lo había hecho en la arboleda. Luego comenzó a citar muchas escrituras al asombrado y atento joven. Le repitió sus instrucciones dos veces más antes de que la noche se desvaneciera, agregando un poco más de conocimiento y verdad en cada visita.

Las palabras instructivas de Moroni fueron repetidas una vez más al día siguiente, y el padre de José, José Sr., recibió inspiración divina y la afirmación de que lo que su hijo estaba experimentando era de Dios.

La instrucción de José continuó, porque no era la voluntad de Dios que él obtuviera las planchas demasiado pronto, ni muy fácilmente. Moroni detuvo la mano del joven cuando éste se arrodilló sobre el cerro Cumorah e intentó tocarlas. José necesitaba de las muchas advertencias, el aliento, y las direcciones que Moroni le daba.

Entonces, una visión asombrosa se presentó en la mente de José. Se le mostraron la belleza y la majestad del reino del cielo y la obscuridad y el terror del dominio del malvado. Entonces, Moroni le habló al Profeta José Smith con estas poderosas palabras:

> "Se te muestra todo esto, lo bueno y lo malo, lo santo y lo impuro, la gloria de Dios y el poder de las tinieblas, para que de aquí en adelante reconozcas ambos poderes y nunca te dejes influir ni vencer por aquel maligno" (Messenger and Advocate, oct. 1835, 198)

Tal como José le confío a su madre, esta experiencia fenomenal impactó inmensamente su espíritu y fortaleció su mente y resolución a través de toda su vida.

De acuerdo con las instrucciones del ángel, José regresó anualmente el mismo día durante los siguientes tres años para ser enseñado y preparado por Moroni. Así como escribió al *Chicago Democrat*, ahora conocido como La Carta de Wentworth, José dijo, "Después de haber recIbído muchas visitas de los ángeles de Dios desplegando la majestuosidad y la gloria de los acontecimientos que iban a llevarse a cabo en los últimos días, durante la mañana del 22 de septiembre de 1827, el ángel del Señor entregó los anales en mis manos. (Cannon, *Life of Joseph Smith*, 340).

Como lo expresó George Q. Cannon:

> Esto le dio una comprensión del destino del hombre, tanto terrenal, así como eterno; desplegando a su vista el progreso de la raza humana, desde el cielo y durante la prueba de esta tierra, y volviendo al trono del Omnipotente. Le llenó de un celo ardiente, y una sabiduría más elevada de aquella enseñada en las escuelas que empezó a ensanchar su intelecto; él estaba aprendiendo el principio sublime de gobernar justamente; siendo adecuado para llegar a ser el instrumento para restablecer la Iglesia que permanecería hasta la venida de Cristo para reinar en gloria. Por medio de su poder que todo abarca, el Señor le dio a este joven no instruido, año a año, conocimiento en la hora de su necesidad. Y esta sabiduría celestial que le fue otorgada iba a continuar con José durante todas las dificultades de la mortalidad, que culminaron aquel día horroroso en Carthage. (Cannon, *Life of Joseph Smith*, 35)

La traducción de las planchas de oro, su publicación, y las muchas pruebas que acompañaron a estos esfuerzos forman parte de una historia en sí misma. Es suficiente para nuestros propósitos saber que todas las cosas sucedieron bajo la dirección y protección del cielo y la autoridad apropiada en cada paso fue conferida sobre José y su compañero, Oliverio Cowdery, por medio de aquellos hombres que habían sido los últimos en poseer las llaves de sus oficios y líneas de autoridad aquí sobre la tierra.

Juan el Bautista le confirió el sacerdocio Aarónico a José y Oliverio en mayo de 1829. Pedro, Santiago, y Juan les dieron el sacerdocio de Melquisedec. Moisés le dio a José las llaves del recogimiento de Israel. Elías le dio a José las llaves de la restauración de todas las cosas, y Elías el Profeta le dio a José las "llaves del poder de volver el corazón de los padres a los hijos, y el corazón de los hijos a los padres" (D y C 27:9)

Las ordenanzas y llaves eternas definen el orden de la obra de Dios entre los hijos de los hombres. Paso a paso, línea por línea, el joven Profeta fue instruido y preparado. La revelación fluyendo de los cielos a José fue un elemento constante de este proceso.

A través de la diligencia de José Smith, el Libro de Mormón, que cuenta el trato de Dios con gente de la antigüedad en tiempos antiguos, fue traducido por el poder de Dios. La imprenta Grandin en Palmyra publicó exitosamente cinco mil copias de este notable registro, y en marzo de 1830, estaba listo para ser enviado como testimonio a la humanidad.

Sin embargo, una tarea extraordinaria y esencial todavía tenía que completarse. José fue instruido que a tres testigos se les permitiría ver y examinar las planchas de dónde el registro sagrado se había traducido, y testificar de esto al mundo. Oliverio Cowdery, David Whitmer, y luego de humillarse agónicamente, Martin Harris, no sólo vieron las planchas de oro sino también el Urim y Túmin, el peto y la espada de Labán que Nefi trajo a través de las grandes aguas desde Jerusalén. Una voz del cielo les declaró la divinidad de la obra.

En oración, José obtuvo permiso para mostrarle las planchas a otros ocho hombres fieles. Estos hombres eran Christian, Jacob, John, y Peter Whitmer Junior, Hiram Pégina , José Smith Sr., Hyrum y Samuel Smith. Todos estos hombres dieron su testimonio solemne al mundo uniendo sus nombres para siempre con el Libro de Mormón y la causa de Cristo. (Cannon, *Life of Joseph Smith*, 59))

José recibió una cantidad de revelaciones que fueron conocidas como los Artículos y Convenios de la Iglesia. Estás revelaciones fueron publicadas luego como la sección 20 de Doctrina y Convenios y actualmente se las conoce como la constitución de la iglesia. En ellas Dios define la organización de la iglesia y los principios sobre los cuales se debía construir.

La Iglesia de Jesucristo fue de hecho organizada el 6 de abril de 1830, con sólo los 6 miembros requeridos por el estado. Eran todos hombres jóvenes: Hyrum, José y Samuel Smith, Oliverio Cowdery, David y Peter Whitmer Jr. José tenía 24 años de edad en ese momento. Todos estos hombres fueron bautizados por la autoridad del sacerdocio de Cristo y estaban listos para actuar en el nombre del Señor.

La reunión comenzó con una oración y con un voto de consentimiento común para apoyar la organización y el nombre de la Iglesia, el cual había sido designado por el Señor en revelación, y fue administrada La Santa Cena.

José ordenó a Oliverio como Elder en el sacerdocio, y luego Oliverio lo ordenó él. A los hombres se les encargó llevar una historia en la cual José sería llamado "vidente, traductor, profeta, apóstol de Jesucristo, Elder de la Iglesia por la voluntad de Dios el Padre, y la gracia de tu Señor Jesucristo". (D y C 21:1)

El 11 de abril, un grupo de aproximadamente cincuenta hombres, mujeres, y niños se juntaron en la modesta casa de Peter Whitmer en Fayette, New York para la primera reunión pública de la iglesia.

Luego de esto, se realizaban bautismos semanalmente, y los conversos incrementaron de tal manera que al comenzar el año siguiente había trescientos seguidores de esta religión revelada.

Aunque Parley P. Pratt y Ziba Peterson habían sido enviados a enseñarles a los nativos—o Lamanitas como se los conoce en el Libro de Mormón - Samuel Smith, el hermano menor de José, fue el primer misionero llamado y enviado a servir en diciembre de 1830, sólo meses después de la organización de la Iglesia. El muchacho de veintidós años llevaba en su bolsa el Libro de Mormón recientemente publicado. Tuvo el honor de ser la tercera persona bautizada en la Iglesia y estaba deseoso de mostrar su fidelidad y ser digno de la confianza que José le había demostrado al asignarle distribuir el libro entre los ciudadanos de Palmyra y sus alrededores.

Esto resultó no ser una tarea fácil. Los ciudadanos ya estaban en contra del libro y del hombre que supuestamente lo había traducido de planchas de oro. Se dio cuenta de que nadie lo escucharía, y mucho menos recibiría o compraría uno de los libros que él ofrecía.

Al finalizar su primer día, Samuel entró en una posada, esperando amabilidad y comida caliente. Cuando se le preguntó de dónde era y qué estaba haciendo, él le contó al encargado de la posada acerca del libro que su hermano había traducido y le mostró un ejemplar.

Enojado y abusivo, el hombre le ordenó a Samuel salir de su establecimiento. Desanimado y exhausto, Samuel se acurrucó bajo un árbol de manzanas sin importarle la humedad de la Tierra y feliz por el pequeño refugio que las ramas bajas del árbol ofrecían.

La noche siguiente lo encontró en la posada de Tomlinson. Lo que ocurrió allí fue bien descripto por las palabras de Phineas Young, quién era un ministro metodista itinerante cuándo esta experiencia ocurrió:

> "Me detuve en la casa de un hombre llamado Tomlinson, para cenar… un joven entró, y caminando por la habitación hasta donde

estaba sentado, me mostró un libro, diciendo: "Hay un libro, señor, que deseo que lea."

" La cosa me pareció tan novedosa que por un momento dudé, diciendo: 'Diga, señor, ¿qué libro tiene?'

" 'El Libro de Mormón, o, como es llamado por algunos, la Biblia de Oro. '

"Ah, señor, entonces pretende ser una revelación".

-Sí -dijo-es una revelación de Dios."

Si usted lee este libro con un corazón de oración, y le pide a Dios que le dé un testimonio, usted sabrá la verdad de esta obra ...Sé que el libro es una revelación de Dios, y que mi hermano, José Smith, jun., es un Profeta, vidente y revelador.

"Compré el libro y me fui a casa, y le dije a mi esposa," Tengo un libro aquí, llamado el Libro de Mormón, y dice ser una revelación, y deseo leerlo y familiarizarme con sus errores, para poder exponerlos al mundo ".

"Comencé y leí cada palabra en el libro esa misma semana. La semana siguiente hice lo mismo, pero para mi sorpresa no pude encontrar los errores que anticipaba, sino que sentí una convicción de que el libro era verdadero.

" En el siguiente día de reposo me pidieron que diera mis opiniones sobre el tema, lo cual comencé a hacer. No había hablado diez minutos en defensa del libro cuando el Espíritu de Dios vino sobre mí de una manera maravillosa, y hablé extensamente sobre la importancia de tal trabajo, citando de la Biblia para apoyar mi posición, y finalmente diciéndole a la gente que creía el libro. La mayor parte de la gente estuvo de acuerdo con mis puntos de vista, y algunos de ellos dijeron que nunca me habían oído hablar tan bien y con tal poder. Mi padre entonces llevó el libro a casa con él, y lo leyó. Le pregunté qué opinaba. Dijo que era el trabajo más grande y el más libre de error que cualquier cosa que él había visto, sin exceptuar la Biblia.

" Luego le presté el libro a mi hermana Fanny Murray. Ella lo leyó y lo declaró una revelación. Muchos otros hicieron lo mismo ". ("History of Brigham Young", *Millennial Star*, vol. 25)

Aunque éstos fueron los primeros conversos de Samuel Smith, pasó un tiempo antes de que esta familia elegida fuera bautizada. Los misioneros pasaron por el área nuevamente en el otoño de 1831, aproximadamente un año después de que Samuel dejara copias del Libro de Mormón con Phineas y el marido de Suzannah. Brigham registró que los escuchó predicar y les creyó.

Cuando Phineas regresó de su propio viaje misional, sólo podía pensar en el Libro de Mormón y en lo que había oído acerca del mormonismo. Brigham reveló que "él estaba convencido de que había algo especial en el mormonismo. Yo le dije que hacía tiempo que lo creía".

En abril de 1832, Phineas, su padre, John, y su hermano José fueron bautizados en la rama recientemente creada de Bradford. Diez días más tarde, el domingo 15 de abril, Brigham fue bautizado en su propio estanque de molino. Para fines de 1833, la familia Young entera, y la mayoría de sus cónyuges, un total de 17 personas, se habían unido a la Iglesia.

Esta familia poderosa y fiel fue instrumental en la construcción del Reino de Dios, apoyándose unos a otros, a los líderes, y a los otros Santos.

Brigham dio su primer sermón apenas una semana después de su bautismo. Tal como escribió años más tarde, "Nada me daría más satisfacción que declarar por todo el mundo, lo que el Señor está haciendo en los últimos días... Tenía que salir y predicar, o mis huesos se consumirían dentro de mí". (Susan Evans McCloud, Brigham Young: A Personal Portrait [American Fork, UT: Covenant Communications, 1996], 29-31).

La familia Young es un ejemplo perfecto que muestra cómo progresó desde el principio la obra que José estableció. Ellos reconocieron la pureza de la doctrina y la revelación que continuamente la acompañó.

Capítulo 5

"El orden de la casa de Dios ha sido y siempre será el mismo, aún después que Cristo llegue y después de los mil años, será el mismo orden; y por fin entraremos al Reino Celestial de Dios, y lo disfrutaremos para siempre." (History of the Church, 2:309)

Es difícil para nosotros hoy en día visualizar a José el hombre. Pero somos bendecidos por tener docenas de recuerdos de su comportamiento, su interacción con la familia, amigos y extraños, su sabiduría, paciencia, y amor infalible. Era imposible para los Santos no confiar en él. Se sentían atraídos por su consejo, su bondad, y su apoyo cristiano. Aún sus enemigos más feroces y malvados sentían el poder de su espíritu y llamamiento, aunque no lo admitieran.

A continuación se presentan varios testimonios que ayudarán a exponer las extraordinarias realidades de este Hombre de Dios.

Lorenzo Snow escribió: "Escuché al Profeta discursar sobre el más grande de los temas. En ocasiones estaba lleno del Espíritu Santo, hablando como con la voz de un arcángel y lleno del poder de Dios. Toda su persona brilló, y su rostro se iluminó hasta que su blancura se asemejó a la de la nieve fresca." (*Improvement Era*, February 1937, 82-84).

Brigham Young observó y registró: "Los que lo conocían, sabían cuando el espíritu de revelación estaba sobre él, porque su rostro tenía una expresión peculiar cuando estaba bajo esa influencia. Predicaba por el espíritu de revelación, y enseñaba en sus concilios por él, y los que lo conocían podían notarlo de inmediato, porque en esos momentos había una claridad y transparencia peculiar en su rostro" (*Journal of Discourses*, 26 vol. [London: Latter-day Saints' Book Depot, 1854-86] 9:89).

Bathsheba Smith, quien se casó con el primo de José, George A., dijo: "Mis primeras impresiones fueron que era un hombre extraordinario. Era diferente a cualquier otro hombre que había visto; tenía el rostro celestial; era genial, afable, y amable; y parecía el alma misma del honor y la integridad. (Susan Evans McCloud, *Joseph Smith: A Photobiography* [Salt Lake City: Aspen Publishing, 1992],2).

Emmeline B. Wells, una nueva conversa del Este, registró la primera vez que vio a José Smith en Nauvoo. "Sus majestuosos modales, tan completamente diferente de cualquiera que jamás hubiera visto, fue más que una sorpresa. Fue como si hubiera visto una visión (Ibíd.).

Jesse N. Smith, quien vio por primera vez siendo niño al Profeta en Kirtland, lo conoció más tarde en Nauvoo, y observó: "el Profeta era sin comparación el hombre más parecido a Dios que jamás hubiera visto." Sé que por naturaleza era incapaz de mentir y engañar, poseyendo la mayor bondad y nobleza de carácter. Sentía, al estar en su presencia, que podía comprenderme profundamente." (*Juvenile Instructor*, XXVII, January 1892, 23-24).

Lyman O. Littlefield registró sus experiencias con las siguientes palabras:

> Yo era tan sólo un niño, entre trece y catorce años, cuando conocí al Profeta en 1834. Lo vi por primera vez como un hombre alto y

> bien proporcionado, activamente interactuando con los miembros del campo de Sión... su manera familiar, pero cortés y digna, su agradable e inteligente rostro, la agradable sonrisa y la luz feliz que irradiaban de sus suaves ojos azules; todos éstos eran algunos de los atributos atractivos que despertaban inmediatamente un interés receptivo en la mente de toda la gente bondadosa.
>
> Su imagen como persona se ganó mi reverencia por él; pero su conversación y su enseñanza pública— todas ellas atendidas por un poder verdaderamente divino— me establecieron en la fe y el conocimiento de su misión profética, que se fortaleció con el paso de los años hasta que él selló su testimonio con su sangre en la cárcel de Carthage. (*Juvenile Instructor*, XXVII, January 15, 1892)

Los niños de seguro sintieron la pureza y la dulzura de la naturaleza del Profeta. Sarah Workman escribió en el *Young Women's Journal* de 1906, "Siempre sentí una influencia divina cada vez que estuve en su presencia. El Espíritu Santo me testificó en aquel entonces, y aunque sólo tenía doce años en el momento de su martirio, ese testimonio aún permanece conmigo, que él es un Profeta del Dios viviente."

John W. Hess contó la vez que el Profeta y otros visitaron la casa de su padre durante trece días, siendo su padre el único mormón en aquella parte del país. José estudiaba griego y latín, pero en su tiempo libre, jugaba con los niños de la casa.

"Nunca vi a otro hombre como José" expresó John. "Había algo celestial y angelical en su mirada que nunca vi en el rostro de ninguna otra persona. Durante su corta estadía, me encariñé mucho con él, y aprendí a quererlo más que a cualquier otra persona que haya conocido, sin exceptuar a mi padre y a mi madre." (*Juvenile Instructor*, XXVII, May 5, 1892, 302-3.)

Lyman O. Littlefield expresó esta ternura del Profeta cuando dijo: Él tenía un afecto natural para con los jóvenes, especialmente con los niños pequeños. No le gustaba pasar al lado de un niño, por pequeño que fuese, sin hablarle. Era sabido que él cruzaba la calle si veía a un niño solo en el lado opuesto, para hablarle o preguntarle si se había perdido. (*Juvenile Instructor*, XXVII, January 15, 1892)

Jesse W. Crosby ofreció una visión relevante y quizá inesperada:

> El Profeta tenía una gran habilidad como financista; y si sus enemigos lo hubieran dejado, se hubiera convertido en uno de los hombres más ricos de América. Todo lo que tocaba su mano parecía prosperar. Sus campos estaban siempre en buenas condiciones y producían bien. Cuando la gente venía a verlo—y tenía muchos visitantes— sus yuntas se alimentaban con lo mejor del heno y su granero estaba lleno. Ningún otro huerto tenía tan buena fruta como el suyo. Si era forzado, de alguna manera, a recibir una vaca inferior, pasaría poco tiempo antes de que se convirtiera en una proveedora de leche de primera clase. Muchos hombres buscaron su consejo cuando estaban en dificultades financieras, y ninguno dejó de beneficiarse si seguían el consejo que él les daba." (Sketches from the notebook of Martha Cox," Church Historian's Library, Salt Lake City, Utah.)

En toda ocasión se podía confiar en el Profeta. Nancy N. Tracy relató:

> Algunos de los Santos se habían establecido en el condado de Jackson, Missouri, pero los antiguos habitantes los habían obligado a abandonar sus tierras. Habíamos hablado de ir a Missouri. El hermano José nos había pedido prestados cincuenta dólares, y no podíamos ir sin contar con ellos. Mi marido fue a ver al hermano José para pedirle consejo sobre cómo proceder y le dijo que no necesitaba el dinero si no nos íbamos. Esto fue en abril.
>
> El hermano José pensó un momento y luego dijo: "Hermano Tracy, es la voluntad de Dios que vayas, y tu dinero llegará, aunque no sé cómo lo voy a conseguir." Así que decidimos ir ese verano.
>
> A mediados de junio estábamos casi listos para empezar cuando el hermano José vino y nos dijo: "Aquí está tu dinero, hermano Tracy.

Acabo de vender un terreno de medio acre. Le dije que lo conseguiría." ("A Short Sketch of the Life and Travels of Nancy N. Tracy," BYU Library, 4-5, 16-18.)

En la autobiografía de George Spilsbury, él escribió:

> Todos mis problemas y privaciones, y dejar a mi padre, madre, hermanos y hermanas y a mi tierra natal no parecieron nada comparados con la alegría que experimenté cuando vi a José por primera vez y lo escuché predicar. Me sentí muy bendecido por el Señor al tener tan glorioso privilegio...había algo grandioso, noble, e inocente en su apariencia. Sus ojos parecían mirar en tu interior. Su propio rostro irradiaba inteligencia. Era audaz como un león, pero humilde como un niño. No conocía el miedo.
>
> ...Recibió la más escasa educación y no fue instruido en la sabiduría del mundo. Sin embargo, en su predicación le he oído citar escrituras en griego, latín, hebreo, y alemán. Fue un gran hombre, un estadista filósofo, también un revelador de muchas cosas en la filosofía y la astronomía. (Autobiography of George Spilsbury, handwritten copy, 4, 7-8, typed copy, 1-2, BYU Library).

Cuando José y los Santos dejaron sus hogares en Nueva York e hicieron de Kirtland, Ohio, la sede de la Iglesia, hubo muchos cambios y desafíos, siendo uno de ellos el establecimiento de una ciudad a partir del caos de cientos de personas que llegaban y no tenían ni medios de empleo para mantenerse, ni hogares donde vivir. Pero varias cosas notables ocurrieron durante los años de Kirtland: 1. El establecimiento de la Escuela de los Profetas; 2. Las revelaciones que recibió el Profeta, primero utilizadas como clases, y más tarde publicadas como las primeras setenta y cinco páginas de Doctrina y Convenios; 3. La organización de los Doce Apóstoles y el Primer Quórum de los Setenta; 4. La construcción del templo de Kirtland, el primer templo en esta dispensación, y el primero en existir sobra la tierra después de miles de años; 5. La compra fortuita, por parte de José, de las cuatro momias egipcias de Michael Chandler, y la traducción de los antiguos manuscritos que contenían; 6. La organización del Campo de Sión, y su monumental viaje de más de mil millas para socorrer a los Santos afligidos en Missouri.

¿Cómo, en poco más de seis años, se pudo lograr tanto bajo la dirección, o el liderazgo, de un solo hombre?

Hubo persecución, concentrada en los últimos años en la quiebra del Banco de la Sociedad de Seguridad de Kirtland, la cual ha sido groseramente tergiversada, ya que los bancos estaban fallando en todo el país, salvo aquellas grandes instituciones que recibían ayuda y eran protegidas por el gobierno de los Estados Unidos.

También hubo milagros relacionados con la dedicación de la sagrada casa del Señor. Cuando se dedicó el domingo 27 de marzo de 1836, más de mil personas ya esperaban afuera para las siete de la mañana. Los servicios comenzaron a las nueve, y la reunión de siete horas concluyó a las cuatro de la tarde. Sidney Rigdon dio un sermón largo, José discursó, y Brigham Young habló brevemente en lenguas, al igual que David Patten. El himno compuesto por W. W. Phelps, "El Espíritu de Dios", fue cantado, y se ha cantado en la dedicación de todos los templos desde aquel entonces.

El Profeta llamó a esta efusión de manifestaciones espirituales un "Pentecostés," un regocijo, un festín de alimento espiritual. Cientos hablaron en lenguas, profetizaron o vieron visiones. Muchos oyeron cantos celestiales, o vieron ángeles; muchos oyeron ráfagas de viento y vieron una columna de fuego que reposaba en el techo del templo. Pedro, el antiguo apóstol, entró al templo. Tenía ojos negros, cabello blanco, y hombros encorvados.

El 3 de abril, José y Oliverio fueron visitados por Moisés, Elías, Elías el Profeta, y el Salvador mismo.

Esta efusión del Espíritu, de manifestaciones del cielo, fue seguida de una apostasía desgarradora. José les había advertido a los Santos de esto, pero eso no lo hacía más fácil de soportar. José dijo "Parecía como si todos los poderes de la tierra y del infierno estuvieran combinando su influencia para derrocar a la iglesia de una sola vez, y ponerle un fin definitivo" (McCloud, *Photobiography*, 74).

Pero José y los Santos sobrevivieron al fuego refinador, y fueron por lo tanto fortalecidos. Con nueva sabiduría, el Profeta de veintiséis años escribió: "Fue claramente evidente que el Señor nos dio poder en proporción al trabajo requerido, y fuerza de acuerdo con la carrera puesta ante nosotros, y gracia y ayuda según nuestras necesidades."

Capítulo 6

"Oh, él estaba lleno de gozo; él estaba lleno de alegría; él estaba lleno de amor, y de cada uno de los atributos nobles que conducen al hombre a ser sobresaliente y bueno, y al mismo tiempo simple e inocente, como para poder descender a la condición más baja, y tener el poder, por medio de la gracia de Dios, de también comprender los propósitos del Todopoderoso. Así era el caracter del Profeta José Smith." (William Clayton in "Joseph the Prophet", *Salt Lake Herald Church and Farm Supplement*, January 12, 1895)

NUEVOS ENEMIGOS SURGRÍAN DURANTE LOS AÑOS IMMINENTES EN Missouri. Estos hombres, a veces encendidos por el odio hasta el punto de ebullición contra él, eran conscientes de la calidad de hombre que él era. El General Moses Wilson, uno de sus enemigos más cruel y devoto, dijo de él: "Era un hombre extraordinario. Lo llevé a mi casa, como preso encadenado, y en menos de dos horas mi esposa lo amaba más que a mí."

Cuando las dificultades entre los Santos y un populacho en Missouri llegaron al punto de la violencia, los rumores se esparcieron de que José Smith había matado a varios hombres. Una gran cantidad de hombres armados llegaron a la casa de su madre buscando venganza. Ocho de los jefes entraron en el hogar de Lucy, diciendo que iban a "matar a Joe Smith y a todos los mormones." José, que había estado sentado cerca escribiendo cartas, se levantó, y su madre le presentó a los hombres. En las palabras de Lucy:

> Él sonrió y, caminando hacia ellos, le dio la mano a cada uno, en una forma que los convenció que él no era ni un criminal culpable o siquiera un hipócrita. Luego se sentó y les explicó los problemas que los Santos habían sufrido en Missouri y que tan sólo deseaban vivir en paz.
>
> Después de conversar con ellos por un rato él dijo, "Madre, creo que volveré a casa ahora. Emma ha de estar esperándome." Con esto, dos de los hombres se pararon rápidamente, y declararon que él no debería ir solo, ya que había peligro, y que ellos lo acompañarían para protegerlo. (McCloud, *Photobiography,* 4-5; taken from *The History of Joseph Smith by His Mother*)

Después de que los dos hombres salieron con José, Lucy escuchó la conversación de los que se quedaron en la puerta.

> "¿Sintió algo extraño cuando Smith le dio la mano? uno preguntó.
>
> "Nunca sentí algo así en mi vida."
>
> "No podía moverme," otro respondió.
>
> "No le haría daño ni a un cabello de la cabeza de ese hombre por ningún motivo." (Ibíd.)

Son incontables los testimonios como los citados anteriormente. Hombres cultos de todo el mundo se contaban entre los que discernieron rápidamente el valor del Profeta.

Un redactor que no era mormón habló de José como "uno de los hombres más notables de todos los tiempos." Un corresponsal del *New York Herald*, al visitar Nauvoo en 1842, habló de José como "uno de los jefes más hábiles y poderosos de la época. Como orador público él es osado, poderoso, y convincente. Como líder, sabio y prudente, pero al mismo tiempo intrépido, como comandante, valiente y decidido, como ciudadano, loable, afable, y bondadoso; y de una presencia noble."

Josiah Quincy, hijo del presidente de la Universidad de Harvard y más tarde alcalde de Boston, tenía una imagen negativa de José Smith. Pero después de una visita a Nauvoo poco antes de la muerte del Profeta, escribió esta singular declaración:

> No es de ninguna manera improbable que algún futuro libro de texto, escrito para el uso de generaciones aún no nacidas, incluya una pregunta más o menos así: ¿Qué norteamericano histórico del siglo diecinueve ha ejercido la influencia más poderosa sobre los destinos de sus paisanos? Y es de ninguna manera imposible que la respuesta a aquella pregunta sea escrita así: José Smith, el Profeta Mormón. (McCloud, *Photobiography*, 5-7)

José sabía desde su niñez cuál sería la realidad de su vida. José la comprendió y aceptó. Pero tendría que *seguir* comprendiendo y aceptando, ajustando y aprendiendo, al pasar los días y años, con nuevos desafíos, apuros, pesares, y miserias que él no podía haber anticipado.

José vivió por fe, y vivió por revelación. Esto hizo posible que él aguantara lo que fuera casi imposible de aguantar, y al mismo tiempo, amara, sirviera, compartiera, enseñara, perdonara, apoyara, y demostrara todas las cualidades del Salvador mismo.

William Taylor anotó una conversación que tuvo con el Profeta: "Le pregunté una vez, 'Hermano José, ¿no tienes miedo cuando todos esos lobos te acechan?' Y él respondió 'No, no tengo miedo; el Señor dijo que me protegería, y tengo total confianza en Su palabra'" (*Young Women's Journal*, XVII, December 1906, 547-48).

David Osborn anotó un acontecimiento que probablemente era bastante común entre José y su pueblo. El Profeta, compartiendo su testimonio de la veracidad del Libro de Mormón dijo, "El Libro de Mormón es verdadero, y totalmente lo que proclama ser, y por este testimonio confío en que tendré que responder en el día del juicio. *Si alcanzo a obtener la gloria que tengo a la vista, seguramente tendré que avanzar entre muchas dificultades.*" (Hyrum L. Andrus, *They Knew the Prophet*, [Salt Lake City: Deseret Book, 1999], 101).

Luego de las terribles escenas en Far West, y yendo cautivos en manos de los hombres más depravados—hombres con poder, quienes estaban determinados en ver morir al Profeta—a José le fue dada una visión en la noche cuando el pequeño grupo de hermanos se agruparon sobre la ribera del rio Crooked.

"Sean de buen ánimo, mis hermanos," les dijo a sus amigos cansados. "La palabra del Señor vino a mí anoche diciendo que nuestras vidas serían preservadas, y a pesar de los sufrimientos que tengamos durante esta cautividad, ninguno de nosotros morirá." (Cannon, *Life of Joseph Smith*, 238).

Algunos de los ejemplos más poderosos y horribles de las persecuciones que José y los Santos de aquellos días aguantaron son sus experiencias en Far West, Missouri.

En la mañana gris y silenciosa del 31 de octubre de 1838, el teniente-coronel Hinkle, un hombre en quien los Santos y el Profeta confiaban, traicionó a sus hermanos y entregó a José, Sidney Ridgon, Parley Pratt, Lyman Wight, y George W. Robinson en las manos de sus enemigos.

José y sus hermanos fueron rodeados inmediatamente por miles de hombres salvajes, gritando y aullando por la sangre del Profeta. En los anales de la Iglesia, la historia de Far West es muy desgarradora e increíblemente atroz.

Los ciudadanos de la ciudad podían escuchar al populacho desde sus casas. José Sr. y Lucy se pararon en la puerta de su hogar, igual que muchos de los hermanos. Lastimosamente, Lucy se esfuerza para describir lo indescriptible:

> "No hay lengua que pueda expresar el sonido que llegó a nuestros oídos, ni las sensaciones que se presentaron en nuestros corazones. Fue como el chillido de cientos de búhos mezclado con el aullido de un ejército de sabuesos y el grito de miles de panteras, todos famélicos por la presa que había sido desgarrada en pedazos entre ellos." (McCloud, *Photobiography*, 87)

El padre de José no pudo aguantarlo. Gritó, "gimiendo con agonía mental, ¡Oh, mi Dios! ¡Mi Dios! Han asesinado mi hijo y debo morir, porque no puedo vivir sin él" (Ibíd.).

Un sin fin de veces la vida de José fue preservada cuando los hombres que le rodeaban apuntaron sus rifles y las escopetas fallaron el tiro. Cuando el General Lucas estaba decidido a fusilar a José y a los demás a las ocho de la mañana en la plaza pública de Far West, el general de la brigada Doniphan, al recibir la orden, se negó totalmente a aceptar. En lugar de hacerlo, él respondió osadamente, "Es un asesinato a sangre fría. No obedeceré su orden, y si estos hombres son ejecutados, te tendré como responsable ante los tribunales de este mundo, ¡Válgame, Dios!

Alarmado, Lucas cambió de parecer y puso a los presos bajo el cuidado del General Wilson, con instrucciones de hacerlos marchar hacia Independence (Ibíd., 87-88).

Esta jornada en cadenas desde Far West fue la que los condujo a Independence y a la cárcel de Richmond. Al llegar a la ciudad, una mujer se acercó y empezó a conversar con el Profeta. Escuchó con interés mientras él explicaba los principios del evangelio. Luego estalló en lágrimas y susurró una oración por la seguridad de estos hombres (Ibíd., 89).

Esta es la cárcel en donde encadenaron juntos a los presos en una fría y miserable prisión y se vieron forzados a escuchar a los guardias contando de forma cruda y con lenguaje detallado las atrocidades que les habían hecho a los Santos en Far West.

Una noche cuando uno de los guardias había hablado de una manera extremadamente grosera y espantosa, José no aguantó más. Repentinamente se paró y, "en una voz como de trueno" gritó, "¡Silencio! demonios del abismo infernal. En el nombre de Jesucristo los reprendo, y les mando callar; no viviré ni un minuto más escuchando semejante lenguaje. ¡Cesen de hablar de esa manera, o ustedes o yo moriremos en este mismo instante!"

Las guardias, según Parley Pratt quien estaba con José, se agacharon y bajaron sus armas, le rogaron que los perdonara, y se mantuvieron en silencio hasta el cambio de guardia. En las palabras del hermano Pratt: "Él estaba tranquilo, sereno, dignificado como un ángel. He visto ministros de justicia en las cortes de Inglaterra, he sido testigo del congreso en sesión solemne, he tratado de imagina a reyes y emperadores reunidos para decidir el destino de reinos; pero dignidad y majestad he visto sólo una vez, estando de pie, encadenado, a la media noche, en un pueblo obscuro en Missouri. (McCloud, *Photobiography*, 89).

Lo que siguió fueron cinco largos meses en una oscura mazmorra, fría, sucia y miserable, con un techo tan bajo que los hermanos, especialmente José, no podían erguirse totalmente. Intentaron darles de comer carne humana, y no se les ofreció ni las más mínimas comodidades.

En este templo/cárcel, con el nombre cruel e irónico de "cárcel de Libertad", el Señor consoló a su Profeta, y cuando el corazón de José le dolía al punto de romperse, algunas de las revelaciones más hermosas y sagradas que jamás fueron entregadas vinieron del espíritu tierno de su Padre. Se vio fortalecido y refinado con las palabras siempre en su corazón:

> Si eres echado en el foso o en manos de homicidas, y eres condenado a muerte; si eres arrojado al abismo; si las bravas olas conspiran contra ti; si el viento huracanado se hace tu enemigo; si los cielos se ennegrecen y todos los elementos se combinan para obstruir la vía; y sobre todo, si las puertas mismas del infierno se abren de par en par para tragarte...
>
> Entiende, hijo mío, que todas estas cosas te servirán de experiencia, y serán para tu bien...El Hijo del Hombre ha descendido debajo de todo ello. ¿Eres tú mayor que él?
>
> Por tanto, persevera en tu camino, y el sacerdocio quedará contigo; porque los límites de ellos están señalados, y no los pueden traspasar. Tus días son conocidos y tus años no serán acortados; no temas, pues, lo que pueda hacer el hombre, porque Dios estará contigo para siempre jamás. (Doctrina y Convenios 122:7-9)

Los Santos en Far West habían estado padeciendo sus propios tormentos y crueldades. Bajo la dirección del coronel Clark, todo el ganado de los Santos fue juntado y matado delante de sus ojos; no se les permitió utilizar nada de la carne que tanto les hacía falta para sustentar a sus familias. Golpizas, saqueos, y otras atrocidades y horrores fueron infligidos a los ciudadanos indefensos, hasta que al final juntaron a los hombres y los obligaron a entregar sus armas. Clark los regañaba de manera inhumana, aconsejándoles que lo más sabio que podían hacer era jamás pensar en volver a establecerse como pueblo.

Pero Brigham Young, ejerciendo los talentos de liderazgo que le serían de mucho valor a él y a los Santos en los años venideros, juntó al sumo consejo de Far West y les preguntó cómo estaba su fe, antes asegurándoles que su propia fe seguía imperturbada. Él los exhortó en una reunión pública a concertar un convenio para apoyar y ayudar a los pobres hasta que todos quedaran lejos del alcance del Mandato de Exterminación de Boggs. Ochenta Santos el primer día, y más que trescientos al día siguiente, firmaron sus nombres en este convenio de ayudarse los unos a los otros.

¿Y qué del Profeta? Sus enemigos lo encontraban igual de poderoso en la cárcel como estando libre. Su gente aún seguía sus consejos, y el Señor aún le hablaba. El "exhalaba un espíritu de energía y autoconfianza" en las cartas que le escribió a la Iglesia. Y escribió un gran caudal de cartas a redactores, a gente prominente, al cuerpo legislativo, al Tribunal Supremo del estado, ofreciéndoles a los que estaban en el poder, la oportunidad de redimir algunas de las injusticias contra los Santos y ofrecerles reparación. En marzo logró un poco de éxito, por lo menos en cuanto a la opinión pública.

En marzo él también les mandó decir a los Santos que debían vender las tierras que todavía poseían en Missouri. El 9 de abril instó a Heber C. Kimball, durante su visita en la cárcel, a que "alejara a los Santos de Missouri lo más rápido posible". El 18 de abril, doce hombres atacaron al Hermano Turley, destruyendo relojes de pared y muebles, disparándoles a las vacas mientras las jóvenes las ordeñaban, y amenazando a todos los de la casa.

Los Hermanos de los Doce juntaron todo lo que pudieron de lo que quedaba y salieron en menos de una hora. Dos días después, los últimos de los Santos partieron de Far West.

Lucy, la madre del Profeta José Smith y de su hermano, Hyrum, quien estaba con él en la cárcel, había recIbído la seguridad de que las vidas de sus hijos serían protegidas y conservadas. Pero no recibió ninguna seguridad en cuanto a que fueran librados de sus sufrimientos.

Lucy y su familia salieron de Far West y viajaron durante días bajo una lluvia fuerte, camino al estado cercano de Illinois, donde los Santos eran bienvenidos y ayudados por los ciudadanos. Se alojaron en los refugios más rudimentarios, una vez en un baño exterior sucio que habían limpiado ellos mismos. Acarrearon leña y agua, teniendo luego que pagar sumas exorbitantes sólo por la oportunidad de hacerlo.

Durante las últimas seis millas de la jornada, caminaron sobre tierra empantanada, a veces hundiéndose hasta los tobillos en la fría tierra barrosa y desagradable. La lluvia se convirtió en nieve, y cuando al fin llegaron al río Mississippi, la nieve sobre la tierra había llegado a las seis pulgadas. Como no tenían otra opción, se acostaron aquella noche sobre la tierra mojada, sin siquiera un pequeño fuego que los confortara.

En abril, José y sus hermanos fueron llevados al Condado de Daviess y acusados por un jurado de traición, asesinato, incendio premeditado, hurto, y robo. Pero todo esto se había vuelto un asunto incómodo para el gobernador. Ahora que los mormones habían huido, y siendo observados por la gente de otros estados, Boggs sólo quería desentenderse del Profeta. Mudaron a los prisioneros al Condado de Boone, permitiéndoles comprar caballos y ropa, e informándoles de un plan para que se escaparan. Por lo tanto, cuando los guardias se emborracharon con whisky, los prisioneros montaron sus caballos y huyeron. Díez días después llegaron a Illinois para estar entre amigos y familiares nuevamente.

José registró que había pagado casi cincuenta mil dólares en bienes raíces y efectivo a los abogados sin haber recIbído mucha ayuda. También expresó que sintió calma al saber que no sólo él, sino también su pueblo, serían liberados. Yo estaba "atribulado en todo," escribió, "pero no angustiado; perseguido, pero no desamparado; abatido, pero no destruido." Y por esto alababa a Dios. (McCloud, *Photobiography*, 92-95)

También él elogió a los Santos por su conducta durante esos días de tribulación. Les aseguró que su amor, fe, y sacrificios "les garantizaron el favor y la aprobación de Jehová, y un nombre tan imperecedero como la eternidad" (Ibíd.).

Capítulo 7

"Mandamos nuestros saludos a los padres, madres, esposas e hijos, hermanos y hermanas; los recordamos de la manera más sagrada." *(Teachings of the Prophet Joseph Smith, 139)*

LAS EXPERIENCIAS EN LA CÁRCEL DE LIBERTY PROBABLEMENTE LE recordaron a José aquella mañana en la arboleda de su padre, cuando recibió las primeras afirmaciones de quiénes eran realmente Dios el Padre y su hijo, Jesucristo; de quién era realmente José, como hijo de Dios; de la naturaleza trascendental de la obra que el Padre tenía para él; de la realidad de Su presencia en la vida de José, más allá de lo que a José le tocara experimentar y soportar.

En todo lo que José enseñó, el poder de su conocimiento y testimonio fue evidente:

> Que los Santos recuerden que las grandes cosas dependen de su esfuerzo individual, y que están llamados a ser colegas del Espíritu Santo en la realización de la gran obra de los últimos días; y en consideración del alcance, las bendiciones, y glorias de aquella obra, que cada sentimiento egoísta no sólo sea enterrado, sino aniquilado, y que el amor a Dios y al hombre predomine, y reine triunfante en cada mente, para que sus corazones sean como el de Enoc de antaño, y comprendan todas las cosas, presentes, pasadas, y futuras, y no perderse ningún don, esperando la llegada del Señor Jesucristo. (Cannon, *Life of Joseph Smith*, 28)

Fue de esta manera, fue en este nivel espiritual que José vivió; de día en día, de hora en hora— apoyado en sus esfuerzos por la presencia del Espíritu Santo y la revelación sustentadora del cielo.

José volvió de sus meses de encierro debilitador el 10 de mayo de 1839 y se mudó con su familia a una pequeña cabaña de troncos a orillas del Río Mississippi. Era un refugio pobre, pero él estaba agradecido.

El pequeño asentamiento llamado Commerce no era mucho más que un pantano salvaje. Al pararse José sobre la tranquila ribera en forma de herradura, casi circundado por el ancho Mississippi, le gustó lo que vio. La tierra, cubierta de árboles y arbustos, se elevaba hasta el nivel de la pradera, rica en pastos, flores silvestres, y parcelas de madera.

"Creyendo que podría convertirse en un lugar saludable con las bendiciones del cielo a los Santos, creí prudente", dijo, "intentar construir una ciudad."

El nombre hebreo que eligió para su ciudad fue Nauvoo, "significando un hermoso lugar, acarreando consigo también la idea de descanso."

Como George Q. Cannon escribió perspicazmente:

> José había sido tan víctima como cualquiera de los Santos. Él y su familia se encontraban en un estado de total indigencia, al igual que sus hermanos y hermanas cuando Nauvoo se hizo sede. Sus propias aflicciones y pobreza le mostraron lo que los Santos estaban soportando, y ministró entre ellos con toda la generosidad y el vigor de su vida. La gente buscaba su consejo y ayuda diaria; y él encontró tiempo, en toda la multiplicidad de los negocios que se le han encomendado, para ayudar y aconsejar a cada individuo de acuerdo con sus necesidades. Fue casi una obra de creación del caos reunir a la comunidad esparcida en un lugar, y alimentar, vestir y alojar al indigente y afligido. (Cannon, *Life of Joseph Smith,* 279)

El trabajo de José siempre fue inmediato, cercano, y exigente. El pueblo, debilitado por la persecución y la pobreza, fue presa fácil del paludismo que infestaba los pantanos. Cada familia fue afectada de alguna manera por la fiebre y sus síntomas. José, muy enfermo, entregó su casa para vivir en una tienda en su propio terreno, donde otras personas estaban haciendo lo mismo. Él y Emma atendieron a los enfermos tanto como pudieron.

En la mañana del 22 de Julio José se levantó de repente, aparentemente fuerte y sanado. Invocó al Señor hasta que sintió el poder descansar sobre él, y entonces sanó a todos los que estaban en su casa y terreno. Llevó a Orson Pratt, Parley Pratt, John Taylor, Heber Kimball y a otros con él y fueron entre los enfermos que yacían a lo largo de las orillas del río, restaurándolos en el nombre de Jesucristo.

Según Wilford Woodruff, José sanó a todos los que estaban enfermos. Luego cruzó al pequeño asentamiento de Montrose en el lado del río de Iowa. La primera casa en la que entró fue la de Brigham Young. Después de curarlo, José curó a Elías Fordham, cuyos ojos estaban vidriosos y quien parecía estar listo para la muerte. Elías se levantó, se vistió, pidió un tazón de pan y leche, y siguió al Profeta a la calle.

El poder de José era grande, pero también lo era la fe del pueblo. José no podía llegar a todos. Un hombre con gemelos enfermos aceptó con gusto al hermano Woodruff en lugar de José. Wilford Woodruff llevó el pañuelo de seda del Profeta con instrucciones de José de que al limpiar la cara de los niños con él pañuelo, ellos se curarían. Los corazones de los Santos cansados se regocijaron con esta efusión de amor y fortaleza.

Seguramente la gente se hubiera acostado y dejado morir sin esta efusión de ayuda del Señor. Como el mismo José lo expresó:

> Los propósitos de nuestro Dios son grandes. Su amor es insondable, su sabiduría es infinita, y su poder ilimitado; por lo tanto, los Santos tienen motivos para regocijarse y alegrarse, sabiendo que este Dios es nuestro Dios por siempre jamás, y será nuestro guía hasta la muerte. Con confianza en el poder, la sabiduría y el amor de Dios, los Santos pudieron avanzar a través de las circunstancias más adversas. Frecuentemente, cuando al parecer humano, sólo la muerte y la destrucción se presentan como inevitable, se ha manifestado el poder de Dios. (Cannon, *Life of Joseph Smith,* 289)

Los días en Nauvoo fueron breves para José. Pero en apenas cinco años el poder de su inteligencia y la beatitud de su espíritu florecieron. La Ciudad Bella, con la Legión de Nauvoo, una banda militar, un periódico, tiendas y negocios, escuelas, teatros para producciones dramáticas, un salón masónico, y docenas de casas nítidas, alegres y señoriales, construidas con el distintivo ladrillo color naranja, caracterizaron a Nauvoo.

Los conversos, cinco mil de los cuales eran de las islas británicas, llegaron masivamente a la ciudad. Durante el verano de 1841 el jefe nativo Keokuk, llevó a cien de sus jefes y guerreros a visitar al Profeta mormón. Con solemne respeto Keokuk escuchó las palabras que José les dijo a él y a su pueblo, declarando que creía que "era un hombre grande y bueno," quien, como su propio pueblo, era "un hijo verdadero del gran espíritu."

En octubre se colocó la piedra angular de la Casa Nauvoo. El 5 de enero de 1842, José abrió su tienda en la calle Water— y durante ese invierno completó una parte de la traducción del Libro de Abraham. Esta traducción fue impresa en fascículos en el *Times and Seasons,* y llamó la atención hasta Boston en el extremo este, donde el *Daily Ledger* llamó a José Smith "el mayor original de la era actual" (McCloud, *Photobiography,* 107-9).

Los enemigos de José todavía lo rodeaban por todos lados. Él sabía que así sería siempre, mientras viviera. Debe haberle dolido profundamente ver cómo algunos hombres que había amado y en los que había confiado, se alejaron de él, convirtiéndose en traidores suyos y de la verdad. Fueron ellos quienes ahora buscaban su caída y su muerte. Uno de los peores traidores fue John C. Bennet, que había sido alcalde de Nauvoo, pero que era un hombre "corrupto y vil" en el fondo, y a largo plazo fue expuesto. Hizo todo lo que pudo para provocar la muerte del Profeta.

Mientras tanto, José había reunido a un grupo de sus hermanos más allegados y les presentó los ritos sagrados de la Investidura. Les dio las llaves del sacerdocio y todas las investiduras a los Doce cuando regresaron de sus misiones en el extranjero. La finalización de este trabajo lo llenó de alegría, y les confió a sus amigos, "Ahora, si me matan, ustedes tienen todas las llaves— las huestes de Satanás no podrán derribar el reino... sobre vuestros hombros descansará la responsabilidad de guiar al pueblo." Ya le había conferido a Brigham Young las llaves del poder de sellar que le había otorgado Elías el Profeta (McCloud, *Photobiography*, 113).

Durante una ceremonia masónica en Montrose, Iowa, el Profeta hizo una profecía ahora famosa. Parado a la sombra de la escuela, levantó un vaso de agua helada y declaró que los Santos aún irían a las Montañas Rocosas. "Esta agua sabe muy parecida a la de los arroyos cristalinos que corren de las montañas nevadas," dijo.

"Lo había visto antes recibiendo una visión", observó Anson Call, "y ahora vio su rostro ponerse blanco, no el blanco mortal de la cara sin sangre, sino un blanco vivo y brillante. Parecía absorto mirando algo a gran distancia, y dijo, 'estoy mirando los valles de esas montañas.'"

José continuó describiendo la tierra y las escenas de penurias por las que pasaría su gente. Pero aseguró a los que escuchaban que el sacerdocio las superaría. Algunos de los presentes harían una gran obra en esa tierra deshabitada, y "verían a los Santos convertirse en un pueblo poderoso en medio de las Montañas Rocosas" (McCloud, *Photobiography,* 112-113).

Una de las verdades más poderosas y hermosas que el Profeta enseñó fue la de la santidad y la naturaleza eterna de la familia. Las familias se unirán en las eternidades luego de esta vida terrestre. De hecho, a través del poder de sellamiento de Elías, podemos estar sellados y unidos a las largas líneas de nuestros ancestros, de nuestra propia gente, que hemos olvido, debido al velo del olvido que cubre la tierra. Tantas bendiciones notables y preciosas nos esperan en esta obra de redimir no sólo a nosotros mismos, sino a nuestros muertos.

El carácter sagrado de las relaciones familiares que se iniciaron aquí, imperfectamente como mortales, era un asunto que ocupaba la mente de José. Trató a menudo de instruir a sus hermanos, por precepto y ejemplo, en cuanto a la manera en que debían organizar sus hogares, y tratar a sus esposas e hijos.

Un ejemplo perfecto de esto es la experiencia relatada por Jesse W. Crosby:

> Algunas de las costumbres caseras del Profeta, como hacer fuego en la cocina, sacar las cenizas, llevar leña y agua, ayudar en el cuidado de los niños, etc.—no estaban de acuerdo con mi idea de autoestima de un gran hombre. El incidente en que el Profeta llevó a mi casa un saco de harina que había pedido prestado, me dio la oportunidad de darle algunos consejos correctivos que yo había deseado darle durante mucho tiempo.
>
> Le recordé todas las fases de su grandeza y le recordé la multitud de tareas que realizaba y que eran demasiado serviles para alguien como él; buscar y llevar harina era una humillación demasiado grande. "Una humillación demasiado terrible," repetí, "para ti que eres la cabeza, y no debes hacerlo."
>
> El Profeta escuchó en silencio todo lo que yo tenía que decir, y luego dio su respuesta con estas palabras: "Si hay humillación en la casa de un hombre, ¿Quién, sino el jefe de esa casa debería o podría soportar esa humillación?"

> La hermana Crosby era una mujer muy trabajadora, que asumía muchas más responsabilidades en su casa que la mayoría de las mujeres. Pensando en darle al Profeta algo de luz sobre la administración del hogar, le dije: "hermano José, mi esposa hace mucho más trabajo duro que tu esposa."
>
> El hermano José respondió diciéndome que si un hombre no puede aprender en esta vida a apreciar a una esposa y cumplir con su deber para con ella, cuidándola adecuadamente, no debería esperar que se le dé una esposa en el más allá.
>
> Sus palabras me dejaron mudo. Las tomé como una terrible reprimenda. Después de eso traté de hacer lo mejor por la buena esposa que tenía y traté de aligerar sus labores." (Andrus, *They Knew the Prophet*, p. 145)

Lucy Walker Kimball, en su autobiografía, registró su conocimiento de esta enseñanza del Profeta:

> El Profeta José Smith se refirió a menudo a los sentimientos que deberían existir entre maridos y esposas, que ellas, sus esposas, deberían ser sus compañeras entrañables, los objetos más cercanos y queridos de la tierra en todos los sentidos de la palabra. Dijo que los hombres deberían tener cuidado con la manera en que tratan a sus esposas. Dijo que muchos se despertarán en la mañana de la resurrección tristemente decepcionados; porque ellos, por transgresión, no tendrían ni esposas ni hijos, porque seguramente les serán quitados y entregados a aquellos que demostraran ser dignos." (Véase josephsmithfoundation.org/Lucy-walker-kimball-autobiography para la versión completa de la historia de Lucy).

Como el hermano John M. Bernhisel testificó, hablando del Profeta:

> Posee mucha energía y decisión de carácter, gran penetración y un profundo conocimiento de la naturaleza humana. Es un hombre de juicio tranquilo… es amable y servicial, generoso y benevolente, sociable y alegre… es honesto, franco, intrépido e independiente, y tan libre de disensiones como nadie.

Pero es en las suaves obras de caridad de la vida doméstica, como padre y esposo tierno y afectuoso, amigo cálido y compasivo, que los rasgos prominentes de su carácter se revelan, y el corazón se siente profundamente vivo y sensible a las emociones más amables y suaves de las que la naturaleza humana es susceptible. (Andrus, *They Knew the Prophet,* 176—77)

Capítulo 8

"Por la fe se hicieron los mundos...La fe viene por oír la palabra de Dios; ese testimonio siempre viene acompañado del espíritu de profecía y revelación." (*Enseñanzas del Profeta José Smith*, 82, 150)

LAS PERSECUCIONES DEL PROFETA CONTINUARON, SIN CESAR durante los años en Nauvoo. Todas ellas, consideradas individualmente o combinadas, y orquestadas por la mano del adversario, contribuyeron finalmente, y quizás inevitablemente, a la muerte del Profeta.

Sin embargo, en medio de espantosos abusos y crueldades, el trabajo de construir el templo progresaba. La Sociedad de Socorro de las mujeres fue organizada, y el Profeta se presentó como candidato a presidente de los Estados Unidos.

No había candidato alguno en quien los Santos pudieran confiar. Este acto de parte del Profeta, apoyado por la gente, enojó aún más los enemigos de la Iglesia y los dedicados a la destrucción de José. Pero, por supuesto, hombres buenos y nobles de todas partes de Estados Unidos, averiguando la vida, las calificaciones, y el caracter del hombre, encontraron solamente lo que otros habían encontrado en él: cualidades buenas, nobles y virtuosas.

El diario *Pittsburgh American* declaró que no se le podían negar a José Smith los atributos de grandeza. Un escritor del *New York Herald* había visitado el Profeta, y en su artículo de 1842 informó:

> "José Smith es indudablemente uno de los mejores personajes de esta era. El demuestra tanto talento, originalidad y valor moral como Mahomed, Odin o cualquiera de los grandes espíritus que hasta ahora han producido las revoluciones de las épocas pasadas. Mientras que la filosofía moderna, que cree sólo en lo que uno puede palpar, está creciendo en los Estados Atlánticos, José Smith está creando un sistema espiritual, combinado con morales y laboriosidad que posiblemente cambiará el destino de la raza. . ." (Cannon, *Life of Joseph Smith*, 301)

Como lo expresó tan poderosamente George Q. Cannon:

> Cuando José había llegado a ser instruido y refinado como oro en el horno por su comunión con el Espíritu Santo, sus palabras se escuchaban como si fueran joyas. Nunca tuvo que buscar oyentes, ni tuvo que pedir dos veces una audiencia con cualquier persona que lo había conocido. Los hombres grandes de la nación, con quienes tuvo contacto, sintieron el poder de su vigoroso espíritu. Él fue su igual, y un filósofo y un estadista. Él fue aún más, porque no sólo conocía el pasado, sino que también vio el futuro. (Ibíd., 300-301)

Muchas cosas buenas fueron producto de este intento agotador. El nombre y el carácter del Profeta se llegaron a conocer por toda la tierra. La naturaleza de la Iglesia que él estableció y de la gente que la siguió, viviendo los principios que él enseñaba, también llegaron a ser una realidad en las mentes de muchas personas buenas.

En numerosas ocasiones, el Padre Celestial le dijo a José que "Tus días son conocidos y tus años no serán acortados." (D y C 122). Él había recIbído la seguridad de que su vida no terminaría antes de su tiempo señalado.

Sin embargo, José tuvo que luchar para sobrevivir: correr y esconderse, a veces con muy poco tiempo de advertencia; sufrir las frecuentes separaciones de su familia; enfrentar las mentiras y gastar dinero y tiempo preciosos para defenderse; experimentar la amargura del odio y la traición de los que alguna vez fueran amigos. Añoraba la paz y los placeres cotidianos de la vida que la mayoría de los hombres daban por sentados. Quería poder pasar tiempo con los Santos y enseñarles más de las grandes verdades que ocupaban su mente constantemente.

El señor James Arlington Bennet, un abogado, periodista y político de New York, ambicionaba un puesto en el estado de Illinois y escribió una carta lisonjeando al Profeta, con la esperanza de unirse a él y aprovechar su popularidad. Habló de la audacia de los planes y las medidas de José.

José, ofendido profundamente y quizás furioso, escribió esta dura respuesta:

> Usted dice "la audacia de mis planes y medidas, junto con su éxito asombroso hasta ahora, señalando que soy el hombre más extraordinario de esta época", intentando con esto embelesarme.
>
> La audacia de mis planes y actividades fácilmente puede ser probada por medio del estándar para todos los esquemas, sistemas, proyectos, y aventuras—la verdad, porque la verdad se trata de la realidad; y la realidad es, que por el poder de Dios yo traduje el Libro de Mormón de jeroglíficos, conocimiento de los cuales el mundo había perdido; y en este evento maravilloso estaba solo, un joven sin instrucción, para combatir la sabiduría del mundo y la ignorancia acumulada durante once siglos con una revelación nueva, la cual (si recibieran el evangelio sempiterno) abriría los ojos de más que ochocientos millones de personas, y "aclararía los viejos senderos" donde, si un hombre anda en todas las ordenanzas de Dios sin culpa, heredará la vida eterna; y Jesucristo, que era, y es, y ha de venir, me ha levantado por encima de toda trampa y artimaña, construida secretamente o abiertamente, encima de la hipocresía de sacerdotes, perjuicio sectario, filosofía popular, poder ejecutivo, o populachos infractores, para destruirme. (Cannon, *Life of Joseph Smith,* 403)

La profundidad de su inteligencia espiritual y la pureza de su espíritu cantan en estas palabras desafiantes a un mundo inicuo e ignorante.

José predicó su último sermón a los Santos el domingo, 16 de junio de 1844. La gente se había reunido en la arboleda al este del templo. Empezó a caer una espesa lluvia, pero nadie se movió para levantarse o irse mientras hablaba el Profeta. "Ni él hubiera cesado con estas lágrimas de la naturaleza, porque era una de sus últimas oportunidades de aconsejar a las personas por quienes estaba dispuesto a entregar su vida (Ibíd., 436).

Durante este discurso desenvainó su espada, clamando a Dios y a los ángeles, "que esta gente tenga sus derechos legales y sea protegida de la violencia del populacho, o mi sangre se derrame sobre la tierra…" (Ibíd., 438).

Viéndolo a la distancia después de tanto tiempo, no podemos ni empezar a imaginar las emociones que brotaron con estas palabras de José, el aumento de su poder para poner al descubierto su alma delante de la gente, la autoridad y amor de su sacerdocio cuando les dijo, "Que el Dios de Israel les bendiga para siempre jamás. Digo esto en el nombre de Jesús de Nazaret, y bajo la autoridad del Santo Sacerdocio, que Él ha conferido sobre mí."

Sus palabras penetraron el corazón de los Santos. "Para muchos de ellos fue la última vez que iban a escuchar en la carne la música de su voz o sentir el encanto de su inspiración poderosa. . . en sólo unos pocos días aquel ser divino, tan perfecto en su belleza varonil, sería encerrado en el abrazo del sepulcro; y aquella voz, que les había proporcionado consuelo en la hora más oscura con dulzura angelical, sería callada por la muerte" (Ibíd., 439).

En la noche del sábado 22 de junio de 1844, bajo la cubierta de la tenebrosa noche de Illinois, José se escabulló de la mansión de

Nauvoo. Lágrimas nublaron sus ojos. En la ribera del río consultó con Hyrum y Willard Richards. José creía que el populacho sólo los quería a él y a Hyrum como presa, y arregló que sus familias fueran llevadas a Cincinnati para que estuvieran a salvo. William Phelps fue enviado a la ciudad para llevar esto a cabo, y Porter Rockwell llegó para llevar en bote a José y a Hyrum al otro lado del ancho y traicionero río Mississippi.

El río estaba particularmente agitado aquella noche, casi hundiendo a su pequeño bote, que había empezado a hacer agua. Durante horas, los hombres lucharon contra la corriente, sacando agua del barco con sus botas. Arribaron casi al amanecer del lado de Montrose, mojados y exhaustos. Rockwell volvió a Nauvoo, pensando reunirse con sus amigos a la noche siguiente, con caballos y provisiones para una jornada en el yermo.

A la mañana siguiente, Emma se asustó al recibir la noticia de que la milicia de Illinois planeaba sitiar a Nauvoo hasta que José y Hyrum se rindieran, aún si les llevara tres años. Hombres de poco juicio dieron ímpetu a sus miedos, y ella le suplicó a Rockwell que persuadiera a José para que volviera. Rockwell se negó a hacerlo, pero permitió que ellos lo acompañaran al otro lado del río. Lo hicieron de buen ánimo y entregaron en manos de José una carta de su esposa suplicándole que volviera. Aún con esto, la resolución de José se mantenía firme. Una sola cosa lo desvió de su meta. Algunos de los hombres lo acusaron de cobarde—un pastor que estaba abandonando su redil. Tal acusación contra su honor le dolió. Quizás sabía que esto anunciaba lo inevitable.

"Si mi vida no es de valor para mis amigos, no es de valor para mí," contestó con gran calma. Desde aquel momento en adelante estuvo resignado al martirio.

José estaba resignado, pero no quería que su hermano, Hyrum, muriera con él. Había dicho, hablando de Hyrum, "Podría orar en mi corazón que todos los hermanos fueran parecidos a mi amado hermano, Hyrum, quien posee la templanza de un cordero, la integridad de Job, y en fin, la mansedumbre y humildad dc Cristo; lo amo con ese amor que es más fuerte que la muerte. . ."

Cuando los hermanos salieron de la mansión a las 6:30 la mañana siguiente, veinticinco hombres a caballo los acompañaron. Las calles de Nauvoo se vieron soñolientas y silenciosas. José detuvo su caballo delante del templo para ver las paredes a medio construir. Luego contempló la ciudad y el río que corría por debajo.

"Este es el lugar más hermoso y la mejor gente bajo los cielos," dijo. "Poco saben de las pruebas que les esperan."

Luego de las muchas indignidades, amenazas, y crueldades de aquel día y la noche siguiente, José y sus hermanos entraron por la fuerza en la cárcel de Carthage. El Profeta habló con Dan Jones, el Gales capitán de un barco, que se había unido a la Iglesia en enero de 1843. José había utilizado la cubierta de su barco en más de una ocasión para predicar. "Nos van a encarcelar sin nadie que nos represente," dijo José. "¿Me abandonará?"

"No," Jones contestó llanamente. "He venido para morir contigo."

Las mentiras tediosas y los ultrajes continuaron al día siguiente, cuando el Gobernador Ford intencionalmente traicionó su palabra, ya que había dicho que llevaría consigo a José cuando saliera para Nauvoo. Dejó una compañía de sólo cincuenta Carthage Greys, supuestamente para cuidar a los presos, sabiendo que los Greys eran los peores enemigos del Profeta. Así dejó a los lobos a cargo de las ovejas.

Durante la noche, José abandonó la cama donde había intentado dormir y se acostó en el suelo al lado de Dan Jones. "Me gustaría ver a mi familia otra vez," confesó. "Y si Dios quisiera, poder predicarles a los Santos en Nauvoo una vez más."

Luego le susurro a Dan Jones, "¿Tienes miedo a morir?"

"Embarcado en esta causa, no creo que la muerte tenga mucho terror para mí," fue su calma respuesta.

José le aseguró discretamente, "Antes de morir verás a Gales, y cumplirás la misión que se te ha sido asignada."

A la mañana siguiente, el 27 de junio, el último día de la vida mortal del Profeta, él mandó que Dan Jones se fuera de la cárcel para averiguar la causa del tiro que habían escuchado, y no se le permitió a Dan volver a entrar para estar con sus amigos.

Sólo quedaron José, Hyrum, Willard Richards, y John Taylor en la pequeña habitación en el piso de arriba de la cárcel. Las horas se arrastraban lenta y terriblemente. Entrada la tarde, John Taylor, con su clara voz de barítono cantó todos los versos del himno "Un Pobre Forastero". La melodía melancólica y su poderoso mensaje emocionaron a José, y él le pidió al Elder Taylor que lo cantara nuevamente. Luego Hyrum leyó algunos versículos del libro de Josephus, una historia antigua de los judíos.

Alrededor de las cinco, el carcelero expresó su inquietud en cuanto a la seguridad de los hombres y quiso cambiarlos a una celda más segura, al fondo de la cárcel. De repente, se escuchó un alboroto afuera, y tiros. Elder Richards, mirando por la ventana, vio más de cien hombres circundando el edificio, empujando y gritando, y forzando la puerta. Casi en el mismo instante se escucharon sus fuertes pasos en la escalera.

Los cuatro hombres en la habitación agarraron sus armas—Hyrum una escopeta de un barril, y José una de seis tiros. John Taylor sólo tenía el bastón fuerte que Stephen Markham había dejado, y el doctor Richards agarró el bastón del Elder Taylor, esperando que le fuera de utilidad.

Todos los hombres menos Hyrum saltaron hacia el lado izquierdo de la puerta, pero Hyrum quedó directamente en la línea de fuego y fue impactado por cuatro balas. Cayó diciendo, "¡Soy hombre muerto!" José, viendo su agonía, gritó, "Oh, ¡querido hermano Hyrum!" Metió su fusil en una grieta de la puerta y tiró ciegamente.

John Taylor corrió hacia la ventana, pensando en saltar, pero un tiro estalló en su muslo izquierdo, desgarrándolo hasta el hueso. Se tambaleó precariamente hasta que un tiro le pegó en el reloj de bolsillo, tirándolo de vuelta hacia la habitación. José se dio cuenta de que intentar detener el ataque era en vano y, corriendo hacia la ventana, fue alcanzado inmediatamente por cuatro balas, dos desde el interior de la habitación y dos desde afuera.

"¡O Señor, mi Dios!" gritó. Su cuerpo cayó por la ventana, terminando cerca del pozo en la esquina sureste de la cárcel. (McCloud, *Photobiography*, 133-37)

> Cuando el cuerpo de José cayó a tierra inmediatamente rodó sobre su cara—muerto. Al yacer ahí, un hombre del populacho tomó el cuerpo del Profeta asesinado y lo puso sobre el borde sur del pozo. El coronel Levi Williams les ordenó a cuatro hombres que le dispararan a José. Parados a unos ocho pies de distancia de su cuerpo, dispararon simultáneamente. El cuerpo se encogió ligeramente al entrarle las balas, y nuevamente José cayó sobre su cara. Había sonreído con dulce compasión en el rostro al mirar a sus asesinos en el último momento de su vida; y esa fue su expresión al fijarse la muerte sobre su cara. (Cannon, *Life of Joseph Smith,* 463–64)

Cuando los asesinos se dieron cuenta de que su horrible obra se había llevado a cabo, corrieron y se dispersaron en toda dirección. El aire estaba cargado de confusión y miedo. Era casi la medianoche cuando encontraron ayuda. Milagrosamente, Willard Richards, a pesar de ser un hombre grande y pesado, sobrevivió sin daño. Así se cumplió una profecía que José había hecho un año antes. Le dijo a un amigo de confianza, "Llegará el día cuando las balas volarán por todos lados como granizo, y él verá caer a sus amigos a la derecha y a la izquierda, pero no habrá ni un agujero en su ropa. (McCloud, *Photobiography*, 133-37)

Entretanto, el gobernador estaba en Nauvoo, amenazando a los Santos. Al cabalgar de regreso a Carthage, vio a George Grant y David Bettisworth cabalgando hacia Nauvoo como locos con la noticia de la muerte del Profeta. Los forzó a acompañarlo a las afueras de Carthage antes de librarlos para volver a su jornada. Él quería ganar tiempo para advertir a la ciudad, sabiendo que las fuerzas mormonas se pondrían en marcha y, a lo mejor, prenderían fuego a Carthage. Con su advertencia, los ciudadanos de Carthage huyeron en todas direcciones. El gobernador y su grupo se dirigieron a Quincy, que quedaba a una distancia segura.

Al día siguiente, los cuerpos del Profeta y del patriarca fueron llevados a Nauvoo. Viajaron bajo la guardia de los hermanos Richards, Samuel Smith, y otros ocho hombres. Una milla al este del templo, sobre la calle Mulholland, se encontraron con una procesión solemne de la gente de José. Sería imposible describir los sentimientos de pesar e indignación que conflictuaban sus corazones.

Llevaron los cuerpos a la Mansión para prepararlos para el entierro. Willard Richards se dirigió a unos ocho a diez mil personas afuera. Intentaba calmar su agitación y sentido de indignación y justicia. También les dio un mayor desafío cuando les pidió dejar que la ley se hiciera cargo de los asesinos y, si ésta fallara, que "¡pidieran a Dios que vengara sus derechos!"

A pesar de que poseían los medios y también el motivo para una venganza veloz, cada persona eligió seguir el consejo del Hermano Richards. Esto se destaca como un testimonio magnífico de la devoción de los Santos para cumplir con la ley y el orden, y obedecer el consejo del cielo. (Véase McCloud, *Photobiography*, 139)

Cuando Lucy Mack Smith escuchó que Willard Richards estaba trayendo los cuerpos de sus hijos muertos a casa en Nauvoo, tembló pensando en lo que se requeriría de ella. Conocía a la única fuente a la que podía acudir por ayuda. "Por mucho tiempo había fortalecido cada nervio, despertado toda la energía de mi alma, y acudido a Dios para que me fortaleciera," escribió.

Pero al ver los cuerpos sin vida de sus hijos, con sus viudas e hijos llorando, fue casi más de lo que podía soportar. Ella gritó, "Mi Dios, mi Dios, ¿por qué has abandonado a esta familia?"

Y una voz, lo suficientemente fuerte como para que estuviera segura de haberla escuchado, contestó "Los he tomado conmigo, para que tengan descanso."

"Al ver sus placenteros rostros sonrientes, me pareció que casi los podía escuchar decir, 'Madre, no llores por nosotros, hemos superado al mundo por medio del amor. . . .su victoria es de un momento, la nuestra es un triunfo eterno." (Susan Evans McCloud, Stories of Lucy Mack Smith, American Fork, UT: Covenant, 2017, 79-80)

La noche era obscura, el aire húmedo y pesado. El espíritu de muerte y desolación que los Santos habían sentido la noche anterior, aún reinaba. Muchas de las personas que estaban en Nauvoo la noche del martirio notaron un espíritu extraño y misterioso que se extendía por toda la ciudad.

"Tanto ladrar y aullar de perros y bramar de ganado en toda la ciudad de Nauvoo nunca había escuchado antes ni después," Bathsheba Smith registró. "Me arrodillé e intenté orar por el Profeta, pero me quedaba muda, y no supe la causa hasta la mañana."

"Existía algo que no se podía expresar, una significancia potente en el firmamento," dijo Orson Hyde. "¡Oh, el escalofrío repulsivo! ¡Las vibraciones melancólicas del mismo aire, mientras el príncipe de la obscuridad retrocedió del escenario de matanza en triunfo esperanzador! Aquella noche los Santos no podían dormir, aunque no habían sido informados por ningún hombre de lo que había sucedido con el Vidente y el Patriarca, sin embargo, el sueño se negaba a visitarlos—los párpados se negaban a cerrar—los corazones de muchos suspiraron profundamente en secreto, inquiriendo, ¿"Porque estoy así?" (Ibíd.).

Los Doce estaban esparcidos por todo el país, pero todos sintieron presagios y una tristeza abrumadora que no podían explicar. Algunos lloraron sin saber por qué. Parley Pratt estaba a bordo de un barco de canal cerca de Utica, New York, viajando con su hermano. Anotó la experiencia que tuvo en la tarde del 27 de junio. Esto ocurrió cerca de la "misma hora en que el populacho estaba vertiendo la sangre de José y Hyrum Smith."

Mientras conversábamos en la cubierta, un estupor extraño y solemne me sobrevino, como si los poderes del infierno hubieran sido soltados. Estaba tan entristecido que casi no podía hablar; y después de caminar en la cubierta un rato en silencio, me acerqué a William y exclamé, Hermano William, ésta es una hora oscura; parece que los poderes de la obscuridad están triunfando, y el espíritu de la matanza llena la tierra. Si tienes folletos o libros sobre la plenitud del evangelio, guárdelos bajo llave, no los muestre, ni abras tu boca a la gente; observemos un silencio solemne y total, porque este es un día negro, y la hora del triunfo de los poderes de oscuridad. (McCloud, *Photobiography*, 139-43)

En Nauvoo, comenzó a caer una lluvia templada y constante, suspirando encima del río, mojando la tierra, y borrando todo rastro del entierro secreto. Los cuerpos de José y Hyrum estaban descansando a salvo. Los hombres mismos estaban lejos del alcance de los poderes de la oscuridad para siempre.

"Yo podría realizar mucho más por mis amigos si estuviera al otro lado del velo." Dijo el Profeta en confianza a sus amigos. Él le dijo a Benjamin Johnson, "No estaría muy lejos de vosotros, y del otro lado, seguiría obrando con vosotros, y con un poder grandemente incrementado para expandir este reino." (Ibíd.)

Epílogo

"El gran Jehová contempló todos los acontecimientos relacionados con la tierra, en lo que al plan de salvación concierne, antes que ésta alcanzara existencia o aun antes que 'las estrellas todas del alba' cantaran de gozo; lo pasado, lo presente y lo futuro fueron y son, para El, un eterno 'hoy'." (Enseñanzas del Profeta José Smith, 122).

Cuando Brigham Young, a la cabeza de los doce, repentinamente quedó a cargo de continuar y extender la obra misional, organizar y preparar a los Santos para una jornada larga y ardua en territorios desconocidos, hizo esta declaración poderosa y apasionada:

> Nuestra situación es peculiar; ¿no ha sido peculiar desde que José encontró las planchas? El pasó por una vida corta de tristeza y dificultad, rodeado por enemigos que buscaban destruirle día tras noche.
>
> José Smith presidió solamente catorce años sobre esta gente, organizando esta iglesia, proclamando el Evangelio y recibiendo revelación, sin embargo, tuvo cientos y miles de hombres y mujeres, quienes estaban dispuestos a dar la vida por él. (*Journal of Discourses*, 10:113–14,119)

En agosto de 1868, Brigham dijo:

> En los días del Profeta José, tales momentos eran para mí más preciosos que toda la riqueza del mundo. Sin importar el alcance de mi pobreza—aunque tuviera que pedir prestada harina para alimentar a mi esposa e hijos, jamás dejé pasar una oportunidad de aprender lo que tenía que compartir el Profeta. (Ibíd.)

Nada podría ser más poderoso, con la excepción, quizás, de esta tierna confesión: "Solía pensar, mientras José estaba vivo, que su vida se podía comparar con la historia del Salvador" (Ibíd.).

Mientras el Campamento de Israel acampaba en Garden Grove, Brigham les relató a sus hermanos de los Doce que había tenido un sueño:

> Mientras estaba enfermo y durmiendo al mediodía del diecisiete, soñé que iba (a verlo) a José...Tomé su mano derecha y lo besé varias veces, y le dije: "¿Por qué no podemos estar juntos como solíamos? Has estado alejado de nosotros por largo tiempo, y queremos tu compañía y no me gusta estar separado de ti."
>
> José, levantándose de su silla y mirándome con su característico rostro honesto, expresivo y agradable, contestó: 'Todo está bien.'
>
> Yo dije, "No me gusta estar lejos de ti."
>
> José contestó, "Todo está bien, no podemos estar juntos todavía, lo estaremos pronto; pero tendrás que seguir sin mí por un tiempo, y entonces estaremos juntos nuevamente. (Journal of Brigham Young, recorded in January 1847 at Winter Quarters; see also Susa Young Gates, "The Prophet and Brigham Young," *Improvement Era*, November 1919, 159-60)

Dos días después del primer arribo de los Santos en el valle de Salt Lake el 24 de Julio de 1847, Brigham y los Doce escalaron la cima del cerro al norte del sitio elegido para la ciudad. Izaron una bandera, el "Estandarte de la Libertad."

George A. Smith, hablando en la ciudad de Salt Lake City años más tarde, le contó a la gente:

> Después de la muerte de José Smith, cuando parecía que todos los problemas y calamidades le habían ocurrido a los Santos, Brigham Young, quien era el presidente de los Doce, en aquel entonces el Cuórum que presidía...acudió al Señor para saber que debía hacer, y hacia donde debería guiar a la gente para estar a salvo, y mientras ayunaban y oraban a diario sobre este tema, el presidente Young tuvo una visión de José Smith, quien le mostró el cerro que hoy llamamos "Ensign Peak"... y había un estandarte sobre ese cerro, y José dijo, "Construye debajo del lugar donde está la bandera y prosperarás y tendrás paz."...Al llegar al valle, el presidente Young señaló el cerro y dijo, "Quiero ir allá". Fue hasta el lugar y dijo, "Este es el Ensign Peak." (Journal of Discourses, 13:85–86)

El Dr. Hugh Nibley, preparando un volumen con las enseñanzas de Brigham Young, expresó su respeto y admiración inequívoca de los dos Profetas magníficos de nuestra época: "Estoy pensando en los dos hombres más grandes de nuestra dispensación, uno, el devoto discípulo y admirador ilimitado del otro—José Smith y Brigham Young. Están prácticamente fuera del alcance como figuras ejemplares." (*Brother Brigham Challenges the Saints* [Salt Lake City: Deseret Book], xiv-xv).

El Profeta José Smith se destaca como un noble y digno representante de nuestro Padre Celestial y su hijo Jesucristo. Él fue preordenado al gran llamamiento el cual magnificó con toda la ascendencia y amor de su espíritu eterno.

Cada uno de nosotros es profundamente bendecido por tener el registro de su vida, el registro de sus enseñanzas y el registro de su corazón. Nos honra ser su gente en ésta, la última dispensación, la dispensación del cumplimiento de los tiempos sobre la tierra.

Nuestros corazones responden a lo que dijo el Profeta, y podemos sentir la dulce sinceridad de sus palabras, y casi oír su voz diciendo:

> Yo poseo las llaves de esta última dispensación, y para siempre las poseeré — en el tiempo y la eternidad. Así que, descansen sus corazones, porque ESTÁ TODO BIEN. (Joseph Smith, *History of the Church*, 6:78)

Referencias

Capítulo Uno

Página 2 1 Versículos 5–7 de José Smith—Historia
Extractos de history of Joseph Smith, the Prophet, *Historia de la Iglesia*, vol. 1, capítulos 1–5 como se registró y compiló a continuación de la Perla de Gran Precio en las escrituras S.U.D.

Página 3 1 Ibíd., Versículos 8–12.

Página 4 1 Ibíd., Versículos 13–14.
2 Cita parcial de Santiago 1:5.
3 George Q. Cannon, *Life of Joseph Smith the Prophet*, 24.
4 Versículo 15, José Smith—Historia.

Página 5 1 Cita de la versión de Orson Pratt, 1893.
2 Versículo 16, José Smith—Historia.
3 Continuación de la versión de Orson Pratt.

Página 6 1 Ibíd.
2 Versículos 17–20, José Smith—Historia; aprox. 1838 José Smith—Historia 1:5–20.

Capítulo Dos

Página 9 1 Versículo 13 de la historia de 1838.
2 Registro del diario de José en su versión de la visión fechada Noviembre de 1835.

Página 10 1 Ibíd.
2 *Enseñanzas del profeta José Smith*, 323.

Página 11 1 Ibíd.
2 Versículo 20, versión de José de 1838.
3 Version de la primera visión en la Carta de Wentworth, como se registró en Historia de la Iglesiay.

Página 12 1 Ibíd.
2 Lucy Mack Smith, *The Revised and Enhanced History of Joseph Smith by His Mother*, 47–48.

Página 13 1 Ibíd., 49.
2 Ibíd., 50.
3 Registro de las experiencias de José de 1842 en la arboleda sagrada.

Capítulo Tres

Página 16 1 Cita de *Papers of Joseph Smith*, 1:5

Página 17 1 Ibíd.
2 Circa 1838, José Smith—Historia 1:5–20.

Página 18 1 Cita de la carta escrita por José Smith en Kirtland, Ohio, el 27 de noviembre de 1832, a William W. Phelps, quien entonces residía en Independence, Ohio.
2 *Enseñanzas del profeta José Smith*, 345.
3 *Historia de la Iglesia*, vol. 6, 588.

Página 19 1 Ezequiel 1:26.
2 D&C 130:1–2.
3 Juan 10:15.
4 Juan 17:7–8.
5 Juan 17:26.

Página 20 1 Juan 5:19–20.
2 1 Corintios 1:27.
3 2 Nefi, tomado de los versículos 5–15.

Página 21 1 Ibíd.
2 Abraham 3:22–23.

Capítulo Cuatro

Página 23 1 De la propia historia de José Smith.

Página 24 1 *Messenger and Advocate*, Octubre 1835, 198
Página 25 1 Ibíd.

2 versión de la carta de Wentworth al *Chicago Democrat*, Cannon, *Life of Joseph Smith the Prophet*, 340.
3 Ibíd., 35.

Pégina 26 1 D&C 27:9.
2 1 Cannon, *Life of Joseph Smith the Prophet*, 59.

Pégina 27 1 Ibíd.
2 D&C 21:1.

Pégina 29 1 Cita de Phineas Young, , "History of Brigham Young," *Millennial Star*, vol. 25

Pégina 30 1 Ibíd.
2 McCloud, *Brigham Young: A Personal Portrait*, 29–30.

Capítulo Cinco

Pégina 33 1 *The Improvement Era*, XL, Febrero 2937, 82–84; "They Knew the Prophet," 34.

Pégina 34 1 *Journal of Discourses*, 9:89; TKP, 35.
2 McCloud, *Photobiography of Joseph Smith*, 2.
3 Ibíd.
4 *The Juvenile Instructor*, XXVII, Enero, 1892, 23–24; TKP, 99.
5 Lyman O. Littlefield, *The Juvenile Instructor*, XXVII, January 15, 1892.

Pégina 35 1 Ibíd.
2 Sarah Workman, *Young Woman's Journal*, 1906.
3 John W. Hess, *The Juvenile Instructor*, XXVII, 5 de Mayo 1892, 302–3.
4 Lyman O. Littlefield, *The Juvenile Instructor*, XXVII, 15 de Enero 1892.

Pégina 36 1 Ibíd.
2 Jesse W. Crosby, "Sketches from the Notebook of Martha Cox," Historian's Library, Salt Lake City, Utah.
3 "A Short Sketch of the Life and Travels of Nancy N. Tracy," 4–5, 16–18, BYU Library, parte de Nancy Tracy.

Pégina 37 1 Autobiografía de George Spilsbury, copias manuscritas, páginas 4, 7–8, páginas tipeadas 1–2, Biblioteca de BYU.

Página 38 1 McCloud, *Photobiography of Joseph Smith*, 74.

Página 39 1 Ibíd.

Capítulo Seis

Página 41 1 McCloud, *Photobiography of Joseph Smith*, 4.

Página 42 1 McCloud, *Photobiography of Joseph Smith*, 4–5, tomadas de la biografía de Lucy sobre su hijo, José.
2 Various quotes on the Prophet Joseph, from McCloud, *Photobiography of Joseph Smith*, 5–7.

Página 43 1 Ibíd.
2 William Taylor de *Young Woman's Journal*, XVII, Diciembre 1906, 547–48.

Página 44 1 David Osborn in Andrus, *They Knew the Prophet*, 101.
2 Cannon, *Life of Joseph Smith the Prophet*, 238.

Página 45 1 McCloud, Joseph Smith, *Photobiography of Joseph Smith*, 87.
2 Ibíd.
3 Ibíd., 87–88.
4 Ibíd., 89.

Página 46 1 Ibíd.
2 Doctrina y Convenios, 122:7–9.

Página 47 1 Ibíd.

Página 48 1 McCloud, *Photobiography of Joseph Smith*, 93.

Página 49 1 Ibíd., 92–95.

Capítulo Siete

Página 51 1 Cannon, *Life of Joseph Smith*, 28.

Página 52 1 Ibíd.
2 Ibíd., 279.

Página 53 1 Ibíd.
2 McCloud, *Photobiography of Joseph Smith*, 99.

Página 54 1 Cannon, *Life of Joseph Smith*, 289.
2 McCloud, *Photobiography of Joseph Smith*, 107–9

Página 55 1 Ibíd., 113.

Página 56 1 Ibíd., 112–13.
2 Jesse Crosby, citado en Hyrum L. Andrus's *They Knew the Prophet*, 145.

Página 57 1 Ibíd.
2 Lucy Walker Kimball autobiografía.
3 Andrus, *They Knew the Prophet*, 176–77.

Página 58 1 Ibíd.

Capítulo Ocho

Página 60 1 Cannon, *Life of Joseph Smith*, 301.
2 Ibíd., 300–301.
3 Doctrina y Convenios 122:9.

Página 61 1 Cannon, *Life of Joseph Smith*, 403.

Página 62 1 Ibíd.
2 Ibíd., 436.
3 Ibíd., 438.
4 Ibíd., 439.

Página 63 1 McCloud, *Photobiography of Joseph Smith*, 133.

Página 64 1 Ibíd.

Página 65 1 Ibíd.

Página 66 1 Ibíd.
2 Cannon, *Life of Joseph Smith*, 463–64.
3 McCloud, *Photobiography of Joseph Smith*, 133–37.

Página 67 1 Ibíd.
2 Ibíd, 139.

Página 68 1 McCloud, *Stories of Lucy Mack Smith*, 79–80.
2 Ibíd.

Página 69 1 McCloud, *Photobiography of Joseph Smith*, 139–43.
2 Ibíd.

Epílogo

Página 71 1 *Journal of Discourses*, 10:113–14, 119.

Página 72 1 Ibíd.

2 Ibíd.
3 Diario de Brigham Young, Susa Young Gates, *Improvement Era*, Noviembre, 1919, 159–60.

Página 73 1 *Journal of Discourses*, 13:85–86.
2 Hugh Nibley, *Brother Brigham Challenges the Saints*, xiv–xv.

Página 74 1 Joseph Smith, *History of the Church*, 6:78.

Sobre la Autora

Susan Evans McCloud es una autora prolífica y versátil, con más de cincuenta libros publicados que tienen temas de ficción histórica, no-ficción, y libros para los niños. Escribe su propia columna en el Deseret News y ha creado muchos programas y canciones para La Iglesia en las organizaciones de las Mujeres Jóvenes, Seminario y genealogía entre otras. Es poética y precisa en sus palabras e investigación, y ofrece ejemplos sobresalientes de la mejor literatura. También es autora de dos de nuestros himnos más amados, "Señor, yo te seguiré" y "As Zion's Youth."

Susan ha enseñado inglés y escritura creativa en una escuela privada y ha servido como maestra y miembro de la meisa directiva de Daughters of the Utah Pioneers. Tiene seis hijos, diez nietos, y ocho bisnietos hasta la fecha.